前　言

Preface

黄渤是我国内地著名演员。一直以来，黄渤独特的表演风格、塑造的人物形象，以及他一贯机智幽默的个性，为他在娱乐界赢得了“新喜剧第一人”的称号，还总被人们说成是“扛过了葛优的大旗”。

对于出道和成名时间都比葛优晚得多的黄渤来说，这实际上是一个很高的评价，可又在无意中有抹杀黄渤个人特色的嫌疑，所以这也是个令人纠结的评价。

可是，偏偏就有记者在此时针对这个话题，问黄渤怎么看待“是否会取代葛优”的说法。

大多时候，要是不管不顾地回答这个问题其实很容易，但人毕竟是群体动物，生来就具备了社交的基本特质，而且“祸从口出”的实例每天都在上演，所以说话是否得体至关重要，尤其是公众人物。

你知道黄渤是怎么回答的吗？他几乎没怎么考虑，就开口应道：“这个时代不会阻止你自己闪耀，但你也覆盖不了任何人的光辉，因为人家曾是开天辟地创时代的电影人。在中国电影那样的时候，人家付出自己的努力，把中国的电影市场开拓到一定地步，以及在之前那么不好的市场情况下，做出了那么多的创举，这需要能力、魄力、勇气、智慧，等等。我们只是继续前行的一些晚辈，对这个不敢造次。”

这些语句，黄渤娓娓道来，得体得令人称赞，当时就有记者连连说“黄渤的情商无人能及”“黄渤太会说话了”。

我们相信，当葛优听到黄渤如此回答时，都可能会抑制不住内心的佩服。

有人对语言是否得体不太注重，觉得只要自己说得心里舒爽，就没什么问题，还不是照样过自己的生活。其实不然，许多人就因为说话没有分寸，不考虑场合，从而为自己招来了不必要的麻烦。这都是情商低的表现。

某微信公众号曾经流行这样一篇文章，值得一读：

所谓情商高，就是会说话。

情商高的人，不管是茶余饭后的闲聊还是日常见面的寒暄，不会掺和是非，在背后议论别人的长短，而是尊重事实，不多言不多语。

赞扬时，不会曲意逢迎，过分地戴高帽子，而是真诚地夸赞。

批评时，不会单刀直入，用词苛刻，而会先抑后扬，既鞭辟入里又让听者如沐春风，能够很好地接受。

冲突时，不会用激烈的言辞让争吵愈演愈烈，而会选择温和的言语让彼此心平静气。

即使被误解，也不会用尖酸刻薄的话语回应，而会选择用适当的沉默代替语言，清者自清。

所谓情商高就是会说话

说话让人舒服的程度，决定你能到达的高度

端木自在◎著

江西美术出版社
JIANGXI FINE ARTS PUBLISHING HOUSE

图书在版编目（CIP）数据

所谓情商高，就是会说话 / 端木自在著 .-- 南昌：江西美术出版社，2017.5（2018.6 重印）
ISBN 978-7-5480-4036-1

Ⅰ.①所… Ⅱ.①端… Ⅲ.①语言艺术－通俗读物 Ⅳ.① H019-49

中国版本图书馆 CIP 数据核字 (2017) 第 033417 号

出 品 人：汤 华
企 划：江西美术出版社北京分社（北京江美长风文化传播有限公司）
策 划：北京兴盛乐书刊发行有限责任公司
责任编辑：王国栋 陈 东 刘霄汉 楚天顺
版式设计：曹 敏
责任印制：谭 勋

所谓情商高，就是会说话

作 者：端木自在

出 版：江西美术出版社
社 址：南昌市子安路 66 号江美大厦
网 址：http：//www.jxfinearts.com
电子信箱：jxms@jxfinearts.com
电 话：010-82293750 0791-86566124
邮 编：330025
经 销：全国新华书店
印 刷：保定市西城胶印有限公司
版 次：2017 年 5 月第 1 版
印 次：2018 年 6 月第 4 次印刷
开 本：880mm × 1280mm 1/32
印 张：7
I S B N：978-7-5480-4036-1
定 价：26.80 元

从某种程度上说，事业的成功与失败往往取决于某一次谈话，这话绝不是危言耸听。

富兰克林的自传中有这样一段话："我在约束我自己的时候，曾有一张美德检查表，当初表上只列着12种美德。后来，有一个朋友告诉我，说我有些骄傲。这种骄傲，常在谈话中表现出来，使人觉得我盛气凌人。于是，我立刻注意这位友人给我的忠告，我相信这样足以影响我的前途。然后，我在表上特别列上'虚心'一项，以引起自己的注意。我决定竭力避免说直接触犯别人感情的话，甚至禁止自己使用一切确定的词句，像'当然''一定''不消说'……而以'也许''我想''仿佛'……来代替。"富兰克林又说："说话和事业的进行有很大的关系，你出言不慎，跟别人争辩，那么，你将不可能获得别人的同情、别人的合作、别人的帮助。"这是千真万确的，一件事情的成败常会在一次谈话中获得效果。所以你想获得事业上的成功，必须具有能够应付一切的说话能力。

在人际交往日益频繁和现代生活竞争日趋激烈的背景下，怎样说话、说话能力如何显得更加重要。一个只顾自己、语意含糊、言语唐突，缺乏表达技巧和沟通艺术的人，无疑会打不开局面，在各种环境中处于劣势，纵使满腹经纶也难以得到人们的赏识，晋升无缘，梦想难圆。这就要求我们修炼情商，提高说话能力，提升口才技巧。

本书通过生动典型的实例和精练活泼的语言，汇集心理学、语言学、人际关系学、演讲术、商务应酬术、谈判策略、推销术、请人办事术等诸多内容，熔理论指导性与实际操作性于一炉，旨在帮助读者培养说话情商，注意说话细节，走出表达误区，掌握高效说话的基本原则和方法，成功地进行交谈和交际活动，做到在各种场合从容不迫地开口说话，成为一个处处受人欢迎的人。

目 录

Contents

CHAPTER 1 和颜悦色，说话让人舒服的技巧

CHAPTER 2 温言巧语，说话打动人心的策略

CHAPTER 3 有礼有节，说话左右逢源的艺术

CHAPTER 4 冷静含蓄，说话不得罪人的方法

CHAPTER 1

和颜悦色，说话让人舒服的技巧

◎ 赞美，简单有效的人际润滑剂

喜欢听好话、受赞美是人的天性之一。每个人都会对来自社会或他人的得当赞美欣喜。而当我们听到别人对自己的赞赏，感到愉悦和鼓舞时，不免会对说话者产生亲切感，从而使彼此之间的心理距离缩短、靠近。人与人之间的融洽关系就是从这里开始的。

法国总统戴高乐访问美国时，在一次尼克松为他举行的宴会上，尼克松夫人费了很大的劲布置了一个美观的鲜花展台：在一张马蹄形的桌子中央，鲜艳夺目的热带鲜花衬托着一个精致的喷泉。精明的戴高乐将军一眼就看出这是女主人为了欢迎他而精心设计制作的，不禁脱口称赞道："女主人为举行一次正式宴会要花很多时间来进行这么漂亮、雅致的计划和布置。"尼克松夫人听了，十分高兴。事后，她说："大多数来访的大人物要么不加注意，要么不屑为此向女主人道谢，而他总是想到和讲到别人。"并且，在以后的岁月中，不论两国之间发生什么事，尼克松夫人始终对戴高乐将军保持着非常好的印象。

可见，一句简单的赞美他人的话，会带来多么好的反响。

美国商界，年薪最早超过100万美元的管理者叫查尔斯·斯科尔特。他在1921年被安德鲁·卡内基选拔为新组建的美国钢铁公司的第一任总裁，当时他只有38岁。

为什么斯科尔特能够获得如此高的年薪呢？他是天才吗？当然不是。斯科尔特亲口说过，对于钢铁怎样制造，他手下的许多人比他懂得还要多。

斯科尔特说，他能够拿到这么多的年薪，是因为他知道跟别人相处的本领。他说那只是一句话，但这句话应该刻在全世界任何一个有人住的地方，每个人都要背下来，因为它会改变我们的生活。他说："我认为，我那些能够使员工鼓舞起来的能力，是我拥有的最大的资产，而能够让一个人发挥出最大能力的方法就是鼓励和赞美。"

只要是人，就希望获得别人的赞美，没有人喜欢遭到别人的指责和批评。赞美的好处不胜枚举，可是，生活中却常常有人吝啬这么做，这种人理所当然不会获得好的人缘。有人说"吝啬赞美是最大的吝啬"，赞美一个人你不必损失什么，只要动动口就行了，连这点小事都不愿做，甚至故意对别人的优点"视而不见"，这种人除了引起别人的厌恶，根本不可能获得别人的真心认可。

说话情商

人们喜欢赞美，但赞美必须是恰如其分的。信口开河、天花乱坠的赞美，很可能让人觉得你是在讽刺他。赞美不适度，说话很难有效果。因此，赞美别人不仅要有诚意，更要讲究方式方法。

1.审时度势，因人而异

人的素质有高低之分，年龄有长幼之别。因人而异、突出个性、有特点的赞美比一般化的赞美能收到更好的效果。老年人总希望别人不忘记他“想当年”的业绩与雄风。同其交谈时，可多称赞他引以为自豪的过去。对年轻人不妨语气稍为夸张地赞扬他的创造才能和开拓精神，并举出几点实例证明他的确能够前程似锦。对于经商的人，可称赞他头脑灵活，生财有道。对于有地位的干部，可称赞他为国为民，廉洁清正。对于知识分子，可称赞他知识渊博、宁静淡泊……当然这一切要依据事实，切不可虚夸。

2.情真意切，有理有据

虽然人人都喜欢听赞美的话，但并非任何赞美之辞都能使对方高兴。能引起对方好感的只能是那些基于事实、发自内心的赞美。相反，你若无根无据、虚情假意地赞美别人，他不仅会感到莫名其妙，更会觉得你油嘴滑舌、诡诈虚伪。例如，当你见到一位其貌不扬的小姐，却偏要对她说“你真是美极了”，对方立刻就会认定你所说的是虚伪至极的违心之言。如果你着眼于她的服饰、谈吐、举止，发现她这些方面的出众之处并真诚地赞美，她一定会高兴地接受。真诚的赞美不但会使被赞美者产生心理上的愉悦，还可以使你经常发现别人的优点，从而使自己对人生持有乐观、欣赏的态度。

3.翔实具体，深入细致

在日常生活中，人们取得非常显著成绩的时候并不多见。因此，交往中应从具体的事件入手，善于发现别人哪怕是最微小的长处，并不失时机地予以赞美。赞美用语愈翔实具体，说明你对对方愈了解，对他的长处和成绩愈看重。让对方感到你的真挚、亲切和可信，你们之间的人际距离就会越来越近。如果你只是含糊其辞地赞美对方，说一些“你工作得非常出色”或者“你是一位卓越的领导”等空泛飘浮的话语，只能引起对方的猜度，甚至产生不必要的误解和信任危机。

4.合乎时宜，适可而止

赞美的效果在于相机行事、适可而止，真正做到“美酒饮到微醉后，好花看到半开时”。

当别人计划做一件有意义的事时，开头的赞扬能激励他下决心做出成绩，中间的赞扬有益于对方再接再厉，结尾的赞扬则可以肯定成绩，指出进一步的努力方向，从而达到“赞扬一个，激励一批”的效果。

5.大会表扬，刺激鼓励

对于有成就、贡献突出的下属，应当在全体员工大会上进行表扬，这是许多领导者经常采用的一种激励方式。事实证明，这种激励方式虽然简单，但它产生的效果是十分明显的。为什么呢？因为人的社会性决定了每个人都希望自己能够得到他人的肯定与社会的承认。上司在特定场合对他的表扬，便是对他热情的关注、慷慨的赞许和由衷的承认。这种关注、承认，必然会使他产生感激不尽的心理效应，乃至视你为知己，更加报效于你。同时，这种表扬能够激发其他下属的上进心，从而努力进取为公司创造更大的效益。

有的上司、领导者一味追求效益，忽略了对贡献突出者心理的了解。只知道用人，而不知道去激励下属、激发他们工作的主动性、创造性，久而久之，一些有能力、对公司做出非凡业绩的员工，就会产生“上司只会利用自己”的思想，在感情上疏离公司，进而工作热情逐渐消沉，甚至自行辞职，“跳槽”出去另找其主。

管理者绝对不能忽视对员工，特别是有一技之长、能独当一面的员工在感情上的培养。如果要笼络住他们，就要在他们取得一些成绩时给予充分的肯定，在比较大的场合对他们进行表扬、奖励。

大场合表扬的魅力是巨大的，因为它公开承认和肯定了下属的价值。既能对受表扬的人起到很大的激励作用，又会对其他员工产生推动作用。

有人说，赞美是所有声音中最温馨的一种，赞美应该给人一种美的感觉。那些让人听了起老茧的陈词滥调，只会让人烦不胜烦，因此赞美也要推陈出新。

◎ 赞美恭维有讲究，别过于夸张

俗话说，人有失口，马有失蹄，夜路走多了也会撞鬼。一个人说话说错了不奇怪，但那些非常善于说话的人，一旦说错话则会产生很强烈的反差效果。如果一个平时非常善于言谈，甜言蜜语从不离口，恭维拍马时时都有的人，若是不慎把赞美的言辞说过了头，也许会引起对方的反感。

恭维的话人人都爱听，但“真理向前跨越一步就是谬误”。适度的恭维，会使人心情舒畅；反之，则使人十分尴尬。为了使赞美和恭维达到应有的而不是相反的效果，合理把握赞美的“度”就成为赞美者们必须重视的问题。

我们可能都有过这样的体验。当你夸奖朋友取得的成绩时，他会说：“你不知道我付出了多少心血！”言语间仿佛有你不知其艰辛、看结果不看过程的意思。相反，假如你说：“真不错，一定花了你许多的心血吧！”他就会觉得心里舒服，认为你很了解他。可见，夸奖劳动的付出是必不可少的，甚至效果更佳。

很多人做事并不仅仅在乎结果，更注重过程。如果你人云亦云地夸奖他取得的成果，不但有势利之嫌，还会让人这样想：“如果我失败了呢？”因而也许对你心生厌恶也未可知。很多名人讨厌记者的采访，也许有此同感。

说话情商

赞美的效果在于因时因人、见机行事、适可而止，真正做到“美酒饮到微醉后，好花看到半开时”。作为丈夫，当你下班后走进家门，看见娇妻已经为你备好晚餐，你只要深情地望她一眼，说一句“看到桌上的菜我就饿了”，她一定会心花怒放的。倘若你酒足饭饱之后才说一句“你今天回来得真早”，这样的效果已经是雨后送伞，她还能感受到你的体贴关怀么？

另外，恭维男性和女性的赞美词一定要有所区分。倘若你对一个男人说，你长得真漂亮！相信没有几个男人会容忍这样的“侮辱”，言外之意就是说他缺少男子汉气概。

所以无论是赞美，还是恭维，过分地或不分对象、不分时机地出言，很容易造成“不逊”的效果。

（1）赞美和恭维的话一定要在适合的时机说，要看清对象是一个什么样的人，如果对方是不苟言笑的人，那么就要注意自己的措辞。

（2）赞美和恭维的频率要适中。这里的频率是指相对时期内对一个对象赞扬的次数。次数太少，起不到应有的作用；次数太多，也会削弱应有的效果。而赞扬的频率是否适中，是以受赞扬者优良行为的进展程度为尺度的。如果被赞扬者的优良行为同赞扬的频率成正比，则说明恭维的频率是适度的；如果呈现反比的现象，则说明恭维的频率过高，已经到了“滥施”的程度。

（3）要有前瞻性和预见性。有些东西具有相对稳定性，比如人的容貌、性格、习惯等，这方面比较容易称赞。而有些东西则不稳定，如人的行为、成绩、思想、态度等，若从长远考虑，赞美时要谨慎。

（4）恭维的角度要新，但绝对不能怪，否则就会让他人觉得莫名其妙，又或是“拍马屁拍到了马腿”。

（5）要根据所恭维对象的性别、年龄、性格、职业、教育环境、工作环境、生活环境等因素来与之谈话或奉上赞美。

（6）永远不要忘记，无论是赞美，还是恭维，你的前提一定以真诚为基础，要知道，虚伪的话最容易被人识破。

◎ 场面上，要会说场面话

“场面话”是人性丛林里的现象之一，而说“场面话”也是一种生存智慧，在人性丛林里进出过一段时日的人都懂得说，也习惯说。这不是罪恶，也不是欺骗，而是一种“必要”。

有时，说说一些无碍于原则与是非标准的场面话，也是一个人在纷纭复杂的社交场所立足的一种本能。

人一踏入社会，应酬的机会自然就多了。这些应酬包括做客、赴宴、会议及其他聚会等。不管你对某一次应酬满不满意，

“场面话”一定要讲。

什么是“场面话”？简言之，就是让别人高兴的话。既然说是“场面话”，可想而知就是在某个“场面”才讲的话，这种话不一定代表内心的真实想法，也不一定合乎真实，但讲出来之后，就算别人明知你“言不由衷”，也会感到高兴。

说话情商

聪明人懂得“场面之言”是常见的现象之一，而说场面话也是一种应酬的技巧和生存的智慧。

1.学会几种场面话

当面称赞他人的话。如称赞他人的孩子聪明可爱，称赞他人的衣服时尚漂亮，称赞他人教子有方，等等。这种场面话所说的有的是实情，有的则与事实存在相当的差距；有时正好相反，而且这种话说起来只要不太离谱，听的人十有八九都感到高兴，而且身边人越多他越高兴。

当面答应他人的话，如“我会全力帮忙的”“这事包在我身上”“有什么问题尽管来找我”等。说这种话有时是不说不行，因为对方运用人情压力，当面拒绝，场面会很难堪，而且当场会得罪人；对方缠着不肯走，那更是麻烦，所以用场面话先打发一下，能帮忙就帮忙，帮不上忙或不愿意帮忙再找理由。总之，有缓兵之计的作用。

2.如何说场面话

去别人家做客，要谢谢主人的邀请，并称赞菜肴的精美、丰盛可口，并看实际情况，称赞主人的室内布置，小孩的乖巧聪明……

赴宴时，要称赞主人选择的餐厅和菜色，当然感谢主人的邀请这一点绝不能免。

参加酒会，要称赞酒会的成功，以及你如何有“宾至如归”的感受。

参加会议，如有机会发言，要称赞会议准备得周详……

参加婚礼，除了菜色之外，一定要记得称赞新郎新娘的“郎才女貌”……

说“场面话”的“场面”当然不只以上几种，不过一般大概离不了这些场面。至于“场面话”的说法，也没有一定的标准，要看当时的情况决定。不过切忌讲得太多，要点到为止最好，太多了就显得虚伪而且令人肉麻。

总而言之，“场面话”就是感谢加称赞，如果你能学会讲“场面话”，对你的人际关系必有很大的帮助，你也会成为受欢迎的人。

但从另一个角度来讲，如果别人在某些特定的场合、特定的际遇下对你说了一些场面话，作为听众的你千万不可把这些场面之言当真。

在社会生活中，人往往会呈现他的多面性。不同的时空，善与恶会因不同的刺激而以不同的面貌出现。也就是说，本性属“恶”的人，在某些状况之下也会出现“善”的一面；本性属“善”的人，也会因为某些状况的引动、催化而出现“恶”的作为。而何时何地出现“善”与“恶”，每个人都无法预测和掌握。所以，当萍水相逢之人在你面前做出许诺时，不能被这一时的“善”意所冲昏了头脑，应保持理智，让自己回到真实的生活轨道上来。

对于称赞或恭维的“场面话”，你尤其要保持冷静和客观，千万不可因别人适时的几句好听的话乐昏了头。冷静下来，反而可看出对方的居心用意。

常言道：“话是开心的钥匙。”在社交场合，我们要学会说点场面话，使别人心情愉悦，但万不可对别人的场面话信以为真，自以为是、虚骄自大。

◎ 给别人说话的时间和机会

说话不是说给自己听，而是说给别人听。所以，不能只顾自己说话，而忽视别人的感受。如果不听别人的反馈，不给别人说话的机会，即使你说再好听的话也全是废话。

说得好，不如说得巧。一句话可能令你晋位升爵，但也有可能为你惹来杀身之祸。尽信书不如无书，同样，如果不能融会贯通说话的学问，那就少说为妙。

三国时期的杨修，在曹营内任主簿。他为人才思敏捷，是当时不可多得的人才之一，但是由于十分恃才自负，屡次得罪曹操而不自知。

一次，曹操建造一所花园，竣工后，曹操四处观看，不发一语，只提笔在门上写了一个“活”字，想和手下人打个哑谜，众人看了都不解其意，只有杨修笑着说：“‘门’内‘活’字，乃‘阔’字也。丞相是嫌园门太窄了，想拓宽它。”

于是，手下再筑围墙，改造完毕又请曹操前往观看。曹操看了非常高兴，一问之下，知道杨修毫不费力就解出自己出的谜题，嘴巴上虽然称赞几句，但心里很不是滋味。

又有一天，塞北送来一盒酥饼，曹操在盒子上写了“一合酥”三字。正巧杨修进来，看了盒子上的字，竟不待曹操开口，径自取来汤匙与众人分食那一盒糕饼。曹操被他大胆妄为的行径吓了一跳，质问杨修，杨修嘻嘻哈哈地说：“盒子上写明了一人一口酥，我又怎么敢违背丞相的命令呢？”曹操听了，虽然勉强保持风度、面带笑容，心里却十分厌恶杨修这种得了便宜还卖乖的行为。

曹操生性多疑，深怕遭人暗中谋害，因此谎称自己在梦中会不自觉地杀人，告诫身边侍从在他睡着时切勿靠近他，后来还故意杀死一个替他拾被子的侍卫，想借此杀鸡儆猴。

没想到杨修得知这件事，马上看穿曹操的心意，当着曹操的面喟然叹道：“丞相非在梦中，君乃在梦中耳？”曹操哪里经得起这样的冷嘲热讽，下定决心，非把杨修这个人除之而后快不可。

机会终于来了。曹操率大军攻打汉中，迎战刘备时，双方于汉水一带对峙很久。曹操由于长时间屯兵，已经陷入进退两难的处境。此时，恰逢厨子端来一碗鸡汤，曹操见碗中有根鸡肋，感慨万千。

刚好夏侯敦在这时进入帐内禀请夜间口令，曹操随口说道：“鸡肋？鸡肋？”夏侯敦便把这两个字当作口令传了出去。

行军主簿杨修听了这事，便叫随行的部众收拾行装，准备归程。夏侯敦见了惊恐万分，立即把杨修叫到帐内询问详情。

杨修解释道：“鸡肋鸡肋，弃之可惜，食之无味。今进不能胜，退恐遭人笑，在此有何益处？来日魏王必定班师矣。”

夏侯敦对杨修的这一番解释非常佩服，于是，下令营中将士打点行装，好鸣金收兵，准备撤退。曹操得知这种情况，一口咬定杨修造谣惑众，在他身上安了一个扰乱军心罪，毫不留情地把他杀了。

杨修头脑聪明，最后却聪明反被聪明误。他恃才傲物，只想一味夸耀自己的机智，完全不顾及别人的感受好恶，即使面对的是顶头上司，还要处处露一手，终遭灭顶之灾。

说话情商

说话，不只是说给自己听，更要说给别人听，既然如此，你又怎么能不去考虑一下别人听了这些话，会有怎样的解读呢？一个真正懂说话的人，不见得字字珠玑、句句含光，但是，他总是能说出对方想听到的话。

1.交谈不是唱“独角戏”

与人交谈是为了享受对话的乐趣，谋求彼此心灵的交流，同时完成交谈的目的。交谈并不是唱“独角戏”，它是双方思想交流的形式之一。因此，无论是交谈的哪一方，都应该明白交谈的真正含义。有的人凡事都喜欢插嘴，而且一插上嘴就没完没了并认为自己是个说话高手，其实这是交谈最大的误区。试想，一个人总是向别人唠叨一些自己津津有味也以为对别人趣味无穷的话，于是自说自听自演自唱，那么有谁愿意听呢？

因此，交谈的重点在于要有一个共同的话题，而不应该像一个杂学博士那样逢人就想说教。在交谈的时候，有些人总是显得不耐烦，使交谈没有活跃的气氛。这种情况多半是因为话题没有回应的话所造成的。再者，自己若是对这次的交谈不感兴趣，自然也会出现这种情况。

假如话题丰富，交谈就能进入最佳状态。人们都有自我表现的本能，所以，一旦有说话的机会，就很自然地想开口说话。如果能有来有往、一呼一应，交谈气氛就更活跃，参与者的心情也更加愉悦和欢欣。因此，我们要选择新鲜有趣、内容丰富的话题作为谈话的材料。有的人总喜欢在别人说话的时候泼冷水，或是“鸡蛋里面挑骨头”似的故意找茬儿，这样做百分之百违反了会话的规律。

在与人交谈的时候，我们应该常常在心里自问：“这样说可以吗？”否则的话，你以为压下对方自己就能独占会话的上风，但是别人不买账，把你的话当耳边风岂不是枉然？再说，如果你老是在说话时逞能，人们势必对你“敬而远之”，到了那种地步你又有什么意思呢？即使你想与人聊天，别人也不愿奉陪，如同舞会中的“壁花”，这便是自作自受了。

2.每个人都有倾诉的欲望

社交中的说话，同站在教室中教课或是站在演讲台上演说有很大不同，教课和演说，只有你一个人在说话，别人不能插嘴。而社交中的说话，彼此在对等的地位，如果在这种谈话中，你一个人一直滔滔如高山瀑布，永不停止地倾泻着，那对方就没有说话的机会，完全是你说人听了。这样你肯定不会受人欢迎，甚至会被别人耻笑。

法国著名记者麦凯逊说：“不肯留神去听别人说话，是不受人欢迎的第一表现。”

每一个人都有着他自己的发表欲的，如几个人聚在一起讲述故事，甲一个一个地讲了好几个了，乙和丙谁不都是嘴痒痒的，也想来讲述一两个。可是，甲只管滔滔不绝地一个一个地讲下去，使乙和丙，想讲而没有机会讲。我们试想一下，乙和丙的心里一定不好受。因为他们自己没有说话的机会，专门听某甲的讲话，自然会没有精神听下去，只好站起来不欢而散了。

一个商店的售货员，拼命地称赞他的货物怎样好，而不给顾客说话的机会，就不能做成这位顾客的生意。因为顾客对你巧舌如簧、天花乱坠的说话，顶多只把你看作一个生意经，决不会因此购买。反过来，你只有给顾客有说话的余地，使他对货物有询问或批评的机会，双方形成讨论和商谈才有机会做成你的生意。

◎ 学会倾听，把话说圆满

美国钢铁大王卡耐基说："倾听是我们对任何人的一种至高的恭维。"英国心理学家杰克·伍德说："很少人能拒绝接受专心注意、倾听所包含的赞美。"与人交谈，应注意倾听别人的讲话，"倾听"是一种"无言的赞美和恭维"。

倾听是说的一部分，并且是相当重要的一部分。夸夸其谈的人不一定就是会说话的人，惜字如金也不一定就拙于言辞，关键是要会听，必要时候，闭上嘴巴，只需竖起耳朵，反倒能把话"说"圆满。

一个成功商业性会谈的秘密是什么呢？根据英国著名学者

查尔斯·伊利亚特的说法，“成功的商业性交谈，并没有什么神秘……专心地注视着对你说话的人是非常重要的。再也没有比这么做更具恭维效果了”。

艾略特是个熟练的倾听艺术大师。美国著名的小说家亨利·詹姆士曾回忆说：艾略特的倾听并不是沉默的，而是以活动的形式。他直挺挺地坐着，手放在膝上，除了拇指或急或缓地绕来绕去，没有其他的动作。他面朝着对方，似乎是用眼睛和耳朵一起听他说话。他专心地听着，并一边听一边用心地想你所说的话。最后，这个对他说话的人会觉得，他已说了他要讲的话。

但是，在生活中，有些商人会租借昂贵的地方，商店装潢得漂漂亮亮的，花了大量的广告费，但雇用一些不懂得听别人说话的店员——那些店员常常打断客人的话，跟人家争执，让人难堪，这样只会把客人赶出去。

有一句西方谚语表达了人们应更多地注重倾听：“上帝给我们两只耳朵，却只给了一张嘴巴，其用意是要我们少说多听。”倾听既是我们取得关于他人第一手信息、正确认识他人的重要途径，也是我们向他人表示尊重的最好方式。

谈到关于如何进行倾听，首先要明晰“倾听”与单纯的听不同，后者仅仅是一种对声音的感知，而倾听则是一个积极主动的行为，它意味着倾听者要参与到对方的表达中。一方面要通过自己的态度表明理解对方的意愿，另一方面还应就这种理解表示与对方的共鸣。

理解不仅是理解他的话的字面含义，而且还要通过对方的话语读懂他的内心世界。这样，才能理解对方表达的内容中所包含的情感意义；必须对对方提供的各种信息保持充分的兴趣与敏感性，但要把自己的反应同对方的反应分开。不急于给对方的话下判断或做推论，要保持一种洞察力，从中理解对方表露的真实自我。

做到了以上两点，就向对方表明了自己是一个真诚专注的倾听者。当然，在整个倾听过程中，还需要掌握一些行为技巧，这些技巧包括语言与非语言的神态：

（1）保持一种开放、专注的神态。开放的神态表明接受对方。即使对方的话语听起来有点老生常谈，你即使做不到听得津津有味，也要保持专注。

（2）在神态上还要避免保持过大距离或昂头俯视，靠近对方、身体前倾是鼓舞人的良好方式，表明你在洗耳恭听。

（3）注意提问，说明自己哪些地方没听清或没理解，要求对方最好能重复或深入解释一下，这也表明你正在认真地倾听。

（4）让谈话按照对方的意愿展开。作为有名的对话大师，古希腊的哲学家苏格拉底认为自己是一个助产士，是帮助别人形成自己正确看法的人。通过倾听我们可以帮助对方形成并完善他的想法。因此，不应去打断对方的表达或人为地转移话题。即使想表达自己的某种看法，也应当是借用对方的话做一些引申，如“就像你刚才说的……”“正如你所指出的那样”等。这一方面表明你重视并记住了他的话；另一方面，也使对方感到你是在做一种补充说明，说明你不仅在听，而且在思考。

说话情商

很多人认为只有在社交场合我们才需要聆听别人说话，其他的场合就无所谓了。这是一种片面的想法。事实上，我们并非只有在社交场合才需要聆听别人说话。

在办事时我们同样需要聆听别人的话。办事高手总是专心倾听，而能力平庸的人总是专心于说。某位经营评论家曾经说过：“愈是伟大的人，愈会提供别人说话的机会；愈是卑微的人，愈会积极争取说服别人的机会。”

所以务必谨记下面这些现象：许多高阶层领导人不论在任何场合，都会用更多的时间征求别人的意见，而用较少的时间提供自己的意见。这些人在下决定时，总不忘记问别人：“你认为如何呢？”“你要提供我什么意见呢？”“在这样的情况下，你会如何解决呢？”

下面有一个关于倾听的例子，从中或许会学到某些东西。

卡耐基一次到一个著名植物学家那里做客，整个晚上，那植物学家都津津有味地给卡耐基谈各种千奇百怪的植物。而卡耐基呢？听得津津有味，目不转睛，像个特别喜欢听故事的孩子，中间只是偶尔忍不住问一两句。

没想到，半夜离开时，植物学家紧握着卡耐基的手，显得特别高兴和满足，还兴奋地对卡耐基说："你是我遇到的最好的谈话专家。"

善于倾听，意味着要有足够的耐心去强迫自己对别人感兴趣。如果你认为生活像剧院，自己就站在舞台上，而别人只是观众，自己正在将表演的角色发挥得淋漓尽致，而别人也都注视着自己。如果你有这种习惯，那你会变得自高自大，以自我为中心，也永远学不会聆听，永远无法了解别人。

在办事过程中，如果认真聆听别人说话，可以获得以下好处：

1.聆听会使你理解别人

如果你不能理解对方的谈话，你就不可能把事情处理得井井有条。而你能不能理解对方的谈话，完全取决于我们能不能专心聆听对方的谈话。

2.聆听可以让你正确地下判断

如果你不能聆听对方的谈话，就无法正确地判断他的想法。不能正确地判断他的想法，就根本不能够利用他的想法创造有利于自己的状况。

3.通过聆听可以影响对方

当你聆听别人说话的时候，你可以思考出如何影响他的方法。你提供对方说话的机会，就是让对方把说服他所必备的利器交到你的手中。但是，你必须记住，为了影响别人而聆听他人说话时，不可有先入为主的观念，而必须敞开胸怀仔细聆听才可以。

同时，为了聆听别人更多的谈话，可以从以下三个方面做起：

（1）尽量让别人有说话的机会。你可以向对方说："让我听听你的经验。"用这样的方式引发对方的思考，给他创造说话的机会。与此同时，可能会因为让他有了说话的机会，从而引发他对你的好感。

（2）用提出问题的方式补充你的意见。别人的意见可以帮助你把可能有缺漏的意见补充得更周详、更完整，所以你可以问对方"关于我的看法，你有什么意见"。

对于任何事情你都不应该过分武断，而聆听别人意见是避免你陷于武断的最好办法。

（3）集中精神聆听别人的谈话。你所做的是不仅要用耳朵倾听，也要能开启心灵倾听。也就是说，你除了要集中精神聆听之外，也要在心里给予评价，这是你能够真正办好一件事情必不可少的。

总之，在任何场合时，都要善于积极聆听别人说话，这样才能够大大增加你的办事效率。

◎ 别人讲话时不要乱插嘴

培根曾说："打断别人，乱插嘴的人，甚至比发言者更令人讨厌。”打断别人说话是一种最无礼的行为。

每个人都会有情不自禁地想表达自己想法的愿望，但如果不去了解别人的感受，不分场合与时机，就去打断别人说话或抢接别人的话头，这样会扰乱别人的思路，引起对方的不快，有时甚至会产生误会。

你看到你的朋友和另外不认识的人聊得起劲时，可能有想加入聊天的想法。

因为你不知道他们的话题是什么，而你突然加入，会令他们觉得不自然，也许因此话题接不下去。更糟的是，也许他们正在进行着一项重大的谈判，却由于你的加入使他们无法再集中思想而无意中失去了这笔交易；或许他们正在热烈讨论，苦苦思索解决一个难题，正当这个关键时刻，也许由于你的插话，会导致对他们有利的解决办法告吹，到后来场面气氛就会转为尴尬而无法收拾。此时，大家一定会觉得你没有礼貌，进而人家都厌恶你，导致社交失败。

假设一个人正讲得兴致勃勃时，你突然插嘴：“喂，这是你在昨天看到的事吧？”说话的那个人因为你打断他说话，绝对不会对你有好感，很可能其他人也不会对你有好感。

许多不懂礼貌的人总是在别人谈着某件事的时候，在说到高兴处时，冷不防半路杀进来，让别人猝不及防，不得不偃旗息鼓。这种人不会预先告诉你，说他要插话了。他插话时有时会不管你说的是什么，而将话题转移到自己感兴趣的方面去，有时是把你的结论代为说出，以此得意扬扬地炫耀自己的口才。无论是哪种情况，都会让说话的人顿生厌恶之感，因为随便打断别人说话的人根本就不知道尊重别人。

有一个老板正与几个客户谈生意，谈得差不多的时候，老板的一位朋友来了。这位朋友插进来了，说："哇，我刚才在大街上看了一个大热闹……"接着就说开了。老板示意他不要说，而他却说得津津有味。客户见谈生意的话题被打乱，就对老板说："你先跟你的朋友谈吧，我们改天再来。"客户说完就走了。

老板的这位朋友乱插话，搅了老板的一笔大生意，让老板很是恼火。随便打断别人说话或中途插话，是有失礼貌的行为，但有些人却存在着这样的陋习，结果往往在不经意之间就破坏了自己的人际关系。

要获得好人缘，要想让别人喜欢你，接纳你，就必须根除随便打断别人说话的陋习，在别人说话时千万不要插嘴，并做到：

不要用不相关的话题打断别人说话；

不要用无意义的评论打乱别人说话；

不要抢着替别人说话；

不要急于帮助别人讲完事情；

不要为争论鸡毛蒜皮的事情而打断别人的话题。

说话情商

你在听对方说话时，如果认为有必要插话以发表你对某事的看法，那么就要讲究插话的艺术。

1.当对方在同你谈某事，因担心你可能对此不感兴趣，显露出犹豫、为难的神情时，你可以趁机说一两句安慰的话：

“你能谈谈那件事吗？我不十分了解。”

“请你继续说。”

“我对此也是十分有兴趣的。”

此时你说的话是为了表明一个意思：我很愿意听你的叙说，不论你说得怎样，说的是什么。这样可以消除对方的犹豫，坚定他倾诉的信心。

2.当对方由于心烦、愤怒等原因，在叙述中不能控制自己的感情时，你可用一两句话来疏导：

“你一定感到很气愤。”

“你似乎有些心烦。”

“你心里很难受吗？”

说这些话后，对方可能会发泄一番，或哭或骂都不足为奇。因为，这些话的目的就是把对方心中郁结的一股异常情感“诱导”出来，当对方发泄一番后，会感到轻松、解脱，从而能够从容地完成对问题的叙述。

值得注意的是，说这些话时不要陷入盲目安慰的误区。不应对他人的话做出判断、评价，说一些诸如“你是对的”“他不是这样”一类的话。你的责任不过是顺应对方的情绪，为他架设一条“输导管”，而不应该“火上浇油”，强化他的抑郁情绪。

3.当对方在叙述时急切地想让你理解他的谈话内容时，你可以用一两句话来“综述”对方话中的含意：

“你是说……”

“你的意见是……”

“你想说的是这个意思吧……”

这样的综述既能及时地验证你对对方谈话内容的理解程度，加深对其的印象，又能让对方感到你的诚意，并能帮助你随时纠正理解中的偏差。

以上三种插话方法都有一个共同的特点，即不对对方的谈话内容发表判断、评论，不对对方的情感做出对与错的判断，始终处于一种中性的态度上。切记，有时在非语言传递的信息中你可以流露出你的立场，但在语言中切不可流露，这是最重要的。如果你试图超越这个界限，就有陷入倾听误区的危险，从而使一场谈话失去了方向和意义。

◎ 营造愉快的交谈气氛

在交谈中，听说双方的心理和情感会合在一起时，就形成了谈话的气氛。这种气氛对谈话的效果有很大的影响。如果参加谈话的所有的人或大多数人的心理和情感与说话者一致，气氛就会变得轻松愉快。反之，气氛就会变得紧张或死气沉沉。

同样是说话，为什么有的人让人肃然起敬、备受欢迎，有的人则招人拒绝、处处碰壁？即使是同样的一句话，出自不同的人之口，效果也迥然有别。有的人说了赢来掌声笑语，气氛和谐而又轻松；有的人说了则换来怒声责备，无形中得罪了人让自己陷入困境。正如俗语所说："一句话让人跳，一句话让人笑。"个中原因，在于会说话的人关注谈话气氛，说起话来声情并茂，听来让人如沐春风，深受感染。

说话是一门学问，也是一门艺术；是一种技巧，也是一种智慧。要想把话说好，说出一口流利动听的话语，就要营造愉快的谈话气氛，让大家在良好的氛围里畅所欲言。

说话情商

在轻松的气氛中，说话者心情愉快，妙语连珠，听者也会积极配合，使双方的交谈变成真正的交流。

怎样活跃交谈的气氛呢？有8个绝招：

1.善意的恶作剧

有分寸地、善意地取笑别人并不是坏事。善意的恶作剧具有出人意料的效果，它能导致众人的欢笑。人们在捧腹大笑之际，超脱了习惯、规则的界限，享受不受束缚的“自由”和解除规矩的“轻松”。

2.带些小道具

朋友相聚，也许在初见面时因打不开局面陷于窘境，也许在中间出现冷场。这时，你随身携带的小道具便可发挥作用。一个精致的钥匙链可能引发一大堆话题；一把扇子，既可用来遮阳光，又可在上面题诗作画，也可唤起大家特殊的兴趣。小道具的妙用不可小瞧。

3.引发共鸣

成功的社交应是众人畅所欲言，各自都表现出最佳的才能，做出最精彩的表演，最忌一个人唱独角戏，大家当听众。为达到这一目的，就必须寻找能引起大家最广泛共鸣的内容。有共同的感受，彼此间才可各抒己见，互相交流看法，气氛才会热烈。所以，你若是社交活动的主持人，一定要把活动的内容同参加者的好恶、最关心的话题、最擅长的拿手好戏等因素联系起来，以免出现冷场。

4.给一个无痛苦的伤害

有时候，那些毕恭毕敬的夫妻未必就没有矛盾，而平日吵吵闹闹的恋人可能会更亲热。社交也是如此，若彼此开句玩笑，互相攻击几句，打一拳、给两脚，反倒显得亲密无间、无拘无束。

5.怪问怪答

交谈中，不时穿插一些意想不到的、貌似荒谬而实则有意义的问题，是很好的一种活跃气氛的形式。那些一本正经的人会给人古板、单调、乏味的感觉。也许会有人时常问你一些荒谬的问题，如果你直斥对方荒谬，或不屑一顾，不仅会破坏交谈气氛、人际关系，而且会被人认为缺乏幽默感。

6.夸张般的赞美

和朋友久别重逢见面后不免寒暄一番，你完全可以借此发表一番高论，把每个人的才能、成就、天赋、地位、特长等作一种夸张式的炫耀与渲染，并且会让朋友们感到你深深地了解、倾慕他们。这种把人抬得极高，但没有虚伪、奉承感的介绍，会立即使整个气氛变得异常活跃，友情会加深一层。

7.寓庄于谐

社交需要庄重，但长时间保持庄重气氛就会使人精神紧张。寓庄于谐的交谈方式比较自由，在许多场合都可以使用。用幽默、诙谐的语言，同样可以表达较重要的内容。

8.制造悬念

在相声里，悬念是相声大师的“包袱”。有意制造悬念，会使人更加关注你的一举一动。当大家精力集中、全神贯注时抖开“包袱”，人们发觉这是一场虚惊，都会付之一笑，报以掌声。

◎ 别板着面孔与人谈话

在与人交谈的过程中，无论如何都应表现出自己的坦诚和度量，而温和的表情、亲切随和的语调无疑是最好的表达。不难发现，如果我们微笑对待别人，别人就会还给我们更柔和的微笑。而当我们严肃、冷漠地对待别人的时候，别人会比我们更严肃、更冷漠，道理就在这里。别人是我们的一面镜子：我们柔和，别人自然对我们柔和；我们严肃，别人自然对我们严肃。

与人交谈的时候，一定要心情放松，这样才能进一步融洽彼此的关系。很多时候，我们之所以不能保持轻松交谈，就在于我们做不到谦逊。

一个人越是推崇自己，别人越是厌弃他；越是保持低调，别人越是抬举他。所以，聪明人总是在那些不如自己的人面前保持低调。

宋朝郭进任山西巡检时，有个军校到朝廷控告他。宋太祖召见了那个告状的人，审讯了一番，发现他在诬告郭进，就把他押送回山西，并交给郭进处置。有不少人劝郭进杀了那个人，郭进却没有这样做。当时，正值他国入侵，郭进很温和地对诬告他的人说："你敢到皇帝面前去诬告我，说明你确实有点胆量。现在我既往不咎，赦免你的罪过。如果你能出其不意消灭敌人，我将向朝廷保举你。如果你打败了，就自己去投河，别弄脏了我的剑。”那个诬告他的人深受感动，果然在战斗中奋不顾身，英勇杀敌，打了很多胜仗。郭进不记前仇，向朝廷举荐了他，使他得到提升。

说话情商

英格丽·褒曼在获得两届奥斯卡最佳女主角奖后，又因在《东方快车谋杀案》中的精湛演技获得最佳女配角奖。然而在领奖时，她却一再称赞与她角逐最佳女配角奖的弗伦汀娜·克蒂斯，认为真正获奖的应该是这位落选者。她由衷地说：“原谅我，弗伦汀娜，我事先并没有打算获奖。”

褒曼作为获奖者，没有喋喋不休地叙述自己的成就与辉煌，而是对自己的对手推崇备至，维护了对手落选的面子。无论谁是这位对手，都会十分感激褒曼，会认定她是一位值得倾心的朋友。一个人在获得荣誉的时刻，能如此善待竞争对手，如此推崇一个不如自己的人，实在是一种文明典雅的风度。

1.保持放松的心情

与人交谈的时候，保持轻松是相当重要的。把谈话弄得异常紧张的人，往往不会谈出什么效果。我们如果能够举重若轻，再严重的事情也能镇定自如，不但会赢得别人的尊重，而且也会增强别人的信心。

不要凭借自己的老资历，随意指责别人，认定自己是对的，别人是错的。这种人在生活中比比皆是。他们习惯倚老卖老，将本来应该很轻松的话题弄得十分复杂。

保持放松心情是融洽关系的根本。如果想要和别人有更加融洽的关系，我们就不能过于紧张、过于疏远。不要随意和别人开玩笑，但通过自嘲的方式来开开玩笑，很多时候是交谈的润滑剂。

放松的谈话状态是最好的。只有在放松的状态下，人才会坦诚。否则，人们都要细细计算自己的每一句话是否该说、是否不该说，这种谈话注定会很压抑。人的本性都愿意倾向于平等轻松，倾向于开心快乐，没有人愿意将自己始终置身于严肃之中。但事实上，很多人都有意无意地将谈话变得很压抑。其实，谈话就是谈话，没有必要紧张。

2.言语比刀子还锋利

言语伤人比刀子还锋利，而且造成的伤痕是永远无法弥补的。为此，我们要学会控制自己的言语，千万不要出现过于暴力的语言。而要达到这些，只要做好一件事情就够了，关键是要拥有一颗宽容的心。

有一句英国谚语是这样说的："如果只想幸福一天，最好上理发店；如果只想幸福一周，就去结婚；如果只想幸福一个月，可以去买一匹马；如果只想幸福一年，那就盖一栋新房；如果想获得终生的幸福，就必须当一个充满爱心的人。"

只有充满爱心的人，才能用温柔对待倔强、用宽容包容苛刻、用热情融化冷酷。游弋于爱的空间，人与人之间便没有了仇恨、欺骗和谎言，这种人生境界或许正是现代社会所缺乏的，同时也是人们向往的。

3.不要过分自我感觉良好

过分自我感觉良好的人容易自以为是，觉得自己什么都正确，而别人说的做的都是错误的，即使没有错误，也是有瑕疵的。因此，自我感觉过分良好的人往往听不进别人的意见。

在与人交谈的时候，千万不要过分自我感觉良好，不要认为自己正确无比，而别人则一无是处。当你因听了别人的反对意见而怒火中烧时，不妨先劝慰自己："等一下，我本来就不完美。这个意见可能来得正是时候，如果真是这样，我应该感谢它，并从中获得一些益处。"

只有当你抛弃那种过分自我感觉良好的心态的时候，才听得进别人的话，学习到更多东西，才能真正地尊重别人，从而利用别人的力量成就自己的大事。

CHAPTER 2

温言巧语，说话打动人心的策略

◎ 多说“我们”少说“我”

小孩在做游戏时，常会说“这是我的”“我要”，这是自我意识强烈的表现。

在小孩子的世界里，这样说或许无关紧要，但有些成人也是如此，他们说话时，仍然强调“我”“我的”，这给人自我意识太强的坏印象，人际关系也会因此受到影响。

《福布斯》杂志上曾登过一篇“良好人际关系的一剂药方”的文章，其中有几点值得借鉴：

语言中最重要的5个字是：“我以你为荣！”

语言中最重要的4个字是：“您怎么看？”

语言中最重要的3个字是：“麻烦您！”

语言中最重要的2个字是：“谢谢！”

语言中最重要的1个字是：“你！”

那么，语言中最次要的一个字是什么呢？

这个字是：“我”。

亨利·福特二世描述令人厌烦的行为时说：“一个满嘴‘我’的人，一个独占‘我’字，随时随地说‘我’的人，是一个不受欢迎的人。”

说话情商

在说话时，“我”字讲得太多并过分强调，会给人突出自我、标榜自我的印象，这会在对方与你之间筑起一道防线，形成障碍，影响别人对你的认同。

因此，会说话的人，在语言传播中，总会避开“我”字，而用“我们”开头。

俄国“十月革命”刚刚胜利的时候，许多农民怀着对沙皇的刻骨仇恨，坚决要求烧掉沙皇住过的宫殿。

别人做了许多工作，农民都置之不理，非烧不可。最后，列宁亲自出面做说服工作。列宁对农民说：“烧房子可以。在烧房子之前，我们大家一起来思考几个问题可以不可以？”“当然可以。”列宁问道：“沙皇住的房子是谁造的？”农民说：“是我们造的。”列宁又问：“我们自己造的房子，不让沙皇住，让我们自己的代表住好不好？”农民齐声回答：“好！”列宁再问：“那么这房子我们还要不要烧呢？”农民觉得列宁讲得好，同意不烧房子了。

有人曾经做过调查，看看人们每天最常用的是哪一个字，那就是“我”字。为什么人们对“我”字特别关心呢？就是因为大多数人都喜欢被人称赞，也喜爱称赞自己。因此，你若想得到你所希望得到的，就要避免与对方争高低，而要维护他人的自尊心。为了使对方的面子不受伤害，我们千万不要常把“我”字挂在嘴上，别说“我公司”，而说“我们的公司”。

1.少说“我”多说“你”

说话好像驾驶汽车，应随时注意交通标志，也就是要随时注意听者的态度与反应。如果红灯已经亮了仍然向前开，闯祸就是必然了。无聊的人是把拳头往自己嘴里塞的人，也是“我”字的专卖者。

人们最感兴趣的就是谈论自己的事情，而对于那些与自己毫无相关的事情，众多的人觉得索然无味，对于你含有最大兴趣的事情，常常不仅很难引起别人的同情，而且还觉得好笑。年轻的母亲会热情地对人说：“我们的宝宝会叫‘妈妈’了。”她这时的心情是高兴的，可是旁人听了会和她一样地高兴吗？不一定。谁家的孩子不会叫妈妈呢？你可不要为此而大惊小怪！这是正常的事情，如果不会叫妈妈的孩子才是怪事呢。所以，你看来是充满了喜悦，别人不一定有同感，这是人之常情。

竭力忘记你自己，不要总是谈你个人的事情，你的孩子，你的生活。人人都喜欢自己最熟知的事情，那么，在交际上你就可以明白别人的弱点，而尽量去引导别人说他自己的事情，这是使对方高兴最好的方法。你以充满同情和热诚的心去听他叙述，你一定会给对方以最佳的印象，并且对方会热情欢迎你，热情接待你。

2.把“我的”变为“我们的”

说话时，把“我的”变为“我们的”，可以巧妙拉近双方距离，使对方更容易接受你和你的话。

如果你在说话中，不管听者的情绪或反应如何，只是一个劲地提到我如何如何，那么必然会引起对方的反感。如果改变一下，把“我的”改为“我们的”，这对你并不会有任何损失，只会获得对方的好感，使你同别人的友谊进一步地加深。

我们经常看到记者这样采访：“请问我们这项工作……”或者“请问我们厂……”经常发现演讲者使用“我们是否应该这样”“让我们……”等表达方式。这样说话能使你觉得和对方的距离接近，听来和缓亲切。因为“我们”这个词，也就是要表现“你也参与其中”的意思，所以会令对方心中产生一种参与意识。

比如说“你们必须深入了解这个问题”，便拉开了听众与演讲者的距离，使听众无法与你产生共鸣。如果改为“我们最好再做更深一层的讨论”就会缩短与听众之间的距离，使气氛立刻活跃起来。

◎ 站在对方的立场说话

孔子说：“己所不欲，勿施于人。”耶稣说：“你要别人怎样对待你，你就要怎样对待别人。”这两句名人名言是换位说话的准确注解。说话有不同的方法，有不同的技巧。世界上没有说不好的话，关键看你会不会转变一下思想，站在对方的立场，先想想别人。

常听人说：“在今天无法解决的事情，一旦到了明天便能得到启示。”而“熟读历史可以鉴古知今”这个道理也同样适用于说话。

偶尔我们看到蚂蚁为了寻找食物或回巢的路在地上左右徘徊的情景，心里觉得十分着急。这是由于被束缚在地上的蚂蚁，和由上往下俯看的人类之间所处的位置和视觉的不同所产生的浮躁感。

虽然蚂蚁的例子比较极端一点，但是在人的世界里也会发生类似的情形。我们站在旁观者的立场看别人的行为时，总能一眼看出他错在哪里，而在心里窃笑。然而，一旦自己亲自去做时，却因无法看到整个局面，而陷入自己讥笑他人的窘境。根据人的这种心理状态，如果遇到无法解决的难题时，有意从自己目前所处的位置移开，进行换位思考，扩大的空间或许能得到新的构想。

说话情商

以前的人不太顾虑他人对事物的看法、想法和观念的不相同，认为只要用正确的言语传达自己的意思就行了。其实所谓正确与否，并非说话者单方面就能决定的。如果我们在说话之前忽视了听话者的心理和反应，无论如何慎重地斟酌词句，依然会产生料想不到的差错和误解。所以必须在语言上下功夫，力求使说的每句话对方肯听、爱听，打动他的心灵。

1.说话不忘换位思考

有一次，陶行知先生看到男生王友用泥块砸自己班的男同学，当即阻止了他，并令他放学时到校长室去。

放学后，陶行知来到校长室，王友已经等在门口准备挨训了。可一见面，陶行知却掏出一块糖果送给他，并说："这是给你的，因为你按时来到这里，而我却迟到了。"王友惊疑地接过糖果。随之，陶行知又掏出一块糖果放到他手里，说："这块糖果也是奖给你的，因为我不让你再打人时，你立即就住手了，这说明你尊重我，我应该奖励你。"王友更惊疑了，他眼睛睁得大大的。

陶行知又掏出第三块糖果塞到王友手里，说："我调查过了，你用泥砸那些男生，是因为他们不守游戏规则，欺负女生；你砸他们，说明你很正直善良，有跟坏人做斗争的勇气，应该奖励你啊！"王友感动极了，他流着眼泪后悔地说道："陶……陶校长，你……你打我两下吧！我错了，我砸的不是坏人，而是自己的同学呀！"

陶行知满意地笑了，他随即掏出第四块糖果递过去，说："为你正确地认识错误，我再奖给你一块糖果，可惜我只有这一块糖果了，我的糖果用完了，我看我们的谈话也该完了吧！”说完就走出了校长室。

处于逆反时期的青少年，面对无视尊严的训斥，只会产生反抗心理，把老师当成敌人。陶行知先生不忘换位思考，谆谆教诲中，既盈满爱心，又不忘尊重，尤其是用4颗糖果收服了一颗迷失的心，充满创意，达到了目的。

2.与对方步调保持一致

某保险公司的一位小姐在电话联系的约定时间对李先生进行访问。

她一进门便开门见山说明来意：“李先生，我这次是特地来请您和太太及孩子投人寿保险的。”

不料李先生一句顶回来：“保险是骗人的勾当！”

小姐并未生气，仍微笑着问道：“噢，这还是第一次听说，您能给我说说吗？”

李先生说：“假如我和太太投保3000元，3000元现在可买一部电脑，20年后再领回的3000元，恐怕连部自行车都买不到了。”

小姐又好奇地问：“那又是为什么呢？”

李先生很快地回答：“一旦通货膨胀，物价上涨，即会造成货币贬值，钱就不经花了。”

小姐又问：“依您之见，10年20年后一定是通货膨胀吗？”

李先生又迟疑了一会儿说：“我不敢断定，依最近两年的情形来看，会有这种可能的。”

小姐再问：“还有其他因素吗？”

李先生支吾了一下说：“比如受国际市场的波动影响，说不定……”

接着小姐又问：“还有没有别的因素？”

李先生终于无言以对。通过这样的问话，小姐对李先生内心的忧虑已基本了解。

于是小姐首先维护李先生的立场：“您的见解有一定的道理。假如物价急剧上涨20年，3000元不要说自行车都买不了，怕只够买两棵葱了。”

李先生听到这里，心里很高兴，但接着这位精明的小姐给李先生解释了这几年物价改革的必要性及影响当前物价的各因素，进一步分析我国政府绝对不会允许旧社会那样的通货膨胀的事情发生的道理，并指出以李先生的才能和实力，收入可望大幅度增加。

对于这些话，虽然李先生也不止一次听说别人说过，但总没有今天感觉那样亲切。最后小姐又补充一句：“即使物价有稍许上升，有保险总比没有保险好。况且我们公司早已考虑了这些因素，顾客的保险金是有利息的。当然！我这么年轻在您面前讲这些，实在有点班门弄斧，还望您多多指教……”

说也奇怪，经她这么一说，李先生开始面带笑容，相谈甚欢，当然，这位推销小姐成功了。

这位小姐成功的秘密在什么地方呢？就在于站在对方的立场上来思考，设身处地，发现对方的兴趣、要求，而后再进行引导，晓之以理，动之以情，使对方与她的想法同调，最后使之接受。

如果不是首先与顾客步调取得一致，而是针对李先生的“保险是骗人的勾当”观点，开展一场“革命大批判”，那么，劝李先生投保就没有指望了。

3.“如果我是你”

想让别人相信你是对的，并按照你的意见行事，那需要人们喜欢你，否则你就无法获得成功，可如果你不能设身处地站在别人的角度，找到别人的兴奋点、热点，又怎么可能成功呢？

对于不易说服的人，最好的办法就是要使对方认为你也与他是站在同一立场。通常出现在探讨有关人生问题的电视节目的观众朋友，离婚女子占多数。此时，负责解答疑难者说的一句话是“如果我是你的话，我会原谅他的，而且绝不与他分手”。

千万别认为话中的“如果我是你”只是短短的单纯的一句话而已，殊不知它能发挥的效力是不可限量的。而这也就是由于人人都有认为“自己是最可爱”的心理所致。

如果你在说服别人的过程中，无意中使用了一些不太得当的言词，但由于你巧妙地运用这句“如果我是你”，从而弥补了你言词上的过失，不仅如此，它还能促使对方自我反省，使对方终于感觉到唯有你的忠言，才是对他自己最有利的。

卡耐基曾用某家大礼堂讲课。有一天，他突然接到通知，租金要提高3倍。卡耐基前去与经理交涉。他说："我接到通知，有点震惊，不过这不怪你。如果我是你，我也会这么做。因为你是旅馆的经理，你的职责是使旅馆尽可能盈利。"紧接着，卡耐基为他算了一笔账，将礼堂用于办舞会、晚会，当然会获大利。"但你撵走了我，也等于撵走了成千上万有文化的中层管理人员，而他们光顾贵旅社，是你花5000元也买不到的活广告。那么，哪样更有利呢？"经理被他说服了。

卡耐基之所以成功地说服了经理，在于当他说"如果我是你，我也会这么做"时，他已经完全站到了经理的角度。接着，他站在经理的角度上算了一笔账，抓住了经理的兴奋点——盈利，使经理心甘情愿地把天平砝码加到卡耐基这边。

汽车大王福特说过一句话：假如有什么成功秘诀的话，就是设身处地替别人着想，了解别人的态度和观点。因为这样不但能得到你与对方的沟通和理解，而且更为清楚地了解了对方的思想轨迹及其中的"要害点"，从而做到有的放矢，击中"要害"。

◎ 理直照样能气和

有些人一旦觉得自己有理，就会揪住别人的缺点，穷追猛打，非逼对方竖起白旗不可。其实，"有理不在声高"。话并非说得有棱有角、咄咄逼人才有分量。忍让式的说法，由于充满了尊重、宽容和理解，本身就能产生一种感化力，从而引起对方积极的心理变化。“火气”遇上“和气”，就失掉了发泄的对象，自然降温熄火。

一家瓷器店营业员老王遇到一位十分挑剔的女顾客，给她拿了好几套瓷器，挑了半个钟头还没选中。因顾客太多，他先照应别的顾客去了。

这位女顾客以为冷落了她，便把脸一沉，大声指责说：“喂，你这是什么态度，你没有看见我先来的吗？为什么扔下我不管？”她把钞票往柜台上一扔，命令道：“快给我，我还有急事！”这话真够刺耳难听的。然而，老王并没和她“一般见识”。他安排好其他顾客，和颜悦色地对她说：“请你原谅，我们店生意忙，对你服务不周到，让你久等了。我服务态度不好，欢迎你多提宝贵意见。”

老王这几句真诚而谦逊的话一出口，那位女顾客的脸一下子红了，转而难为情地说：“我说得不好听，也请你原谅。”

人行道上，一位推着自行车的女士不小心蹭到了旁边一位行人的裤子。她以为没什么事，就继续推车往前走了。

没想到这个人追上去说：“你撞了我一下，也不赔礼道歉，就这么走了？”说完，狠狠地踢了那位女士的自行车一脚。那位女士连忙赔不是，但那个行人还是不依不饶，又踢了两脚，才骂骂咧咧地走开了。

说话情商

碰到有人火气十足，无端撒气时，如果保持忍让态度，柔言相答，往往会“灭火消气”，换来微笑。

1. 以“和气”对“火气”

一家餐馆里，一位顾客粗声大气地嚷着：“小姐，你过来，你过来！”他指着面前的杯子，满脸怒气地说：“看看，你们的牛奶是劣质的吧，看把这杯红茶都糟蹋了！”

“真对不起！”服务小姐笑道，“我立刻给您换一杯。”

新红茶很快端来了。茶杯跟前，仍放着新鲜的柠檬和牛奶。小姐把红茶轻轻放在顾客的面前，又轻声地说：“我是不是能向您建议，如果在茶里放柠檬，就不要加牛奶，因为有时候柠檬会造成牛奶结块。”顾客的脸一下就红了。他匆匆喝完茶，走了出去。

有人笑着问服务小姐：“明明是他没理，你为什么不直说呢？他那么粗鲁地叫你，你为什么不给他一点颜色瞧瞧？”

小姐说：“正因为他粗鲁，所以要用婉转的方式对待他。正因为道理一说就明白，所以用不着大声。理不直的人，常用‘气壮’压人。理直的人，要用‘气和’交朋友！”

客人们都佩服地点头笑了，对这家餐馆也增加了许多好感。

以“和气”对“火气”，表面上“似水柔情”，实际上“力胜千钧”。

2.温和的力量

当遇上有人无理取闹时，情商高不冲动，更不破口大骂。理智的态度和委婉的谈吐，会帮他转危为安，战胜对手。有这样一个例子：

一位戴花帽的姑娘在街头碰到几个小伙子，其中一位竟伸手摘下了姑娘的帽子。面对挑衅，姑娘又恼又怒又紧张。但她马上冷静下来，彬彬有礼地说：“我的帽子挺漂亮，是吗？”“当然，它和你这个人一样，真美。”男青年说。姑娘温柔地说：“你一定是想仔细看看，好给你的女朋友买一顶吧？我想，你绝不是那种随意戏弄人的人。”她话里有话，温和中深藏开导，委婉中包含锋芒。“当然。”青年有几分尴尬，不由自主地归还了花帽。一场可能发生的纠纷就这样被制止了。

从中我们不但看到了姑娘的机智，而且对她的说话技巧留下深刻的印象。姑娘自始至终没说一句强硬的话，而是用含有“潜台词”的柔和软语，巧于应对，成功地激发了对方的自尊、自爱心理。她用冷静举止、柔言软语塑造了一个经多识广、不容侵犯的强者的形象，使对方不敢轻举妄动。从这里可以领略到，温和语言具有“柔中寓刚”的独特威力。

◎ 任何时候都别说“你错了”

说话破坏力最强的莫过于这三个字：你错了。它通常不会带来任何好的结果，只会产生一场不快、一场争吵，甚至能使朋友变成对手，使情人变成怨偶。说话，永远都别说“你错了”。

没有几个人具有逻辑性思考的能力。我们多数人都具有武断、固执、嫉妒、猜忌、恐惧和傲慢等缺点，所以我们很难向别人承认自己错了。

而且，一个人说错话或者做错事，总是有原因的，所以我们即使明知自己错了，也会强调客观原因，认为错得有理。

正如美国成功学大师罗宾逊教授在他的《下决心的过程》所说：

“我们有时会在毫无抗拒或热情淹没的情形下改变自己的想法，但是如果有人说我们错了，反而会使我们迁怒对方，更固执己见。我们会毫无根据地形成自己的想法，但如果有人不同意我们的想法时，反而会全心全意维护我们的想法。显然不是那些想法对我们珍贵，而是我们的自尊心受到了威胁……‘我的’这个简单的词，是做人处世的关系中最重要的，妥善运用这两个字才是智慧之源。不论说‘我的’晚餐、‘我的’狗、‘我的’房子、‘我的’父亲、‘我的’国家或‘我的’上帝，都具备相同的力量。我们不但不喜欢说我的表不准，或我的车太破旧，也讨厌别人纠正我们对火车的知识……我们愿意继续相信以往惯于相信的事，而如果我们所相信的事遭到了怀疑，我们就会找借口为自己的信念辩护。结果呢，多数我们所谓的推理，变成找借口来继续相信我们早已相信的事物。”

当我们犯了错误时，并非意识不到犯了错误，只是顽固地不肯承认而已。所以，当你对一个人说“你错了”时，必然撞在他固执的墙上。

说话情商

如果有人说了一句你认为错误的话，或者做了一件你认为错误的事，这时，你告诉他正确的应该是什么，无形中将对方摆在了学生的位置，而自居为老师。除非你真的是他的老师，否则他必然不服气。即使你真的是他的老师，他同样会存有异议。

300多年以前意大利天文学家伽利略说：“你不可能教会一个人任何事情，你只能帮助他自己学会这件事情。”

19世纪的英国政治家斐尔爵士也说：“如果可能的话，要比别人聪明，却不要告诉人家你比他聪明。”

苏格拉底则告诉他门徒一个圆滑处世方法：“我只知道一件事，就是我一无所知。”

总之，没有人愿意承认自己不如对方高明，因而，“你错了”三个字，无疑是在跟人们自尊自大的共同心理作对，且暴露了自己好为人师的优越心理，岂不令人反感?

宁可认为错的是自己，也不要说对方错了。

1.不要试图证明对方错了

不论我们用什么方式说“你错了”，不论是一句话，一个眼神，一种说话的声调，一个手势，只要让他听出或看出“你错了”的意思，他就绝不会有好脸色给你。因为你直接打击了他的智慧、判断力、荣耀和自尊心。只会使他想反击，但决不会使他改变心意。即使你搬出孔子或柏拉图理论，也改变不了他的成见，因为你伤了他的感情。

永远不要这样做：你的确错了，不信我证明给你看。这等于是说：“我比你更聪明。我要告诉你一些事，使你改变看法”。

不管你用什么方法证明对方错了，都无疑是一种挑战。这样会挑起战端，在你尚未开始之前，对方已经准备迎战了。

2.委婉地让他人意识到自己错了

假如对方真的错了，你必须让他承认并纠正错误，也应该回避“你错了”或类似的词语。即使你站在真理这一边，用最温和的态度说“你错了”，要改变别人的主意也不容易。

所以，你有必要运用一些技巧，使对方察觉不到“你错了”这三个字。“必须用若无实有的方式教导别人，提醒他不知道的好像是他忘记的”。

有一位先生，花三天时间写了一篇演讲稿，他认真地撰写、修改并润色，其精心程度绝不亚于鲁迅或朱自清写一篇文章——

据说鲁迅写完一篇文章后，通常要改七遍，而朱自清每天只写五百字。

这位先生认为演讲稿写得十分到位，得意地读给妻子听。妻子认为这篇演讲稿写得并不出色。但她没有像一般妻子习惯语气这样说："你写得太差劲了，都是老生常谈，别人听了一定会打瞌睡的"。

这位妻子是个再明白不过的人了，她说："如果这篇文章是投给报社的话，肯定算得上是一篇佳作。"换句话说，她在赞美丈夫的同时巧妙地表达出它并不适合演讲。丈夫听懂了其中的含义，立即删掉了电脑里的WORD文档，并决定重写。

由此例可知，有效更正他人错误的方法是：委婉地让他人意识到自己的错误。即认同他做对的或好的方面，使他觉察到错误的部分。

古埃及阿克图国王在一次酒宴中对他的儿子说："圆滑一点。它可使你予求予取。"不要对别人的错误过于敏感，不要执著于所谓正确的意见，不要轻易刺激任何人。如果你要使别人同意你，应当牢记的一句话就是："尊重别人的意见，永远别说你错了。"

◎ 有动感的声音魅力不可抗拒

说话同写文章一样，句子之间要有动感，有动感的句子组成的文章会变得精彩，正如有动感的话语，会让人觉得动听。当然，这里也包括讲话时配合以适当的神态动作。

有一次，卡耐基在给学生演讲“生命如何度过”时，随身携带了一件物品，用一方手巾蒙着。一开始的时候，他就把它置于桌子的右侧，并数次在情绪激烈时默默地抚摸一下。所有的听众都在听卡耐基慷慨激昂的演讲。卡耐基的声音充满感情，而他抚摸这件物品时更显得感情凝重，人们心里在纳闷，这是一件什么样的东西呢？注意力便都集中起来了。

卡耐基接着讲道：“美国南北战争时，有一个战士名叫莱特，他不过是数百万北方军队中的一名普通士兵。他作战勇敢，每次冲锋都跑在最前面。他说他只有一个心愿，就是解放南方黑奴，让自由和民主回到人民手中。他的勇敢受到了无数次的嘉奖。在刚刚接受一枚英雄勋章后，莱特，亲爱的莱特，却遇到了不幸，在一场遭遇战中，他倒下了。临死之际，他手握着那枚英雄勋章说：‘把它送给我的母亲。’人们照着他的话做的时候，发现他是母亲唯一的亲人。他的母亲同样也是伟大的，宁愿自己忍受孤苦寂寞的晚年生活，也要把儿子送到前线……如今，这位伟大的母亲和他的儿子都已死去，但这枚勋章却保留了下来，它永远鼓励着我们为大众的利益而努力奋斗看，它就在这儿。”

卡耐基说完，在全场听众的注目下，轻轻揭开手巾，露出了一个盒子，他再打开盒子，一枚金黄色的勋章躺在红色的绒布上。所有的听众在那一刻静默无声，有的人悄悄地流下了眼泪。人们为英雄的伟大而感动，也对卡耐基的良苦用心钦佩之致，感人的故事和极富动感的语言使他的演讲变得何其丰富！

说话情商

有些人说话虽然在内容上不占优势，但他的说话方式却会给人一种非常迷人、令人舒服的感觉。毕竟说话者有其本性，每一次对话都会因为说话技巧的不同而有各种不同的回响、反应。那么，使对方愿意听我们说话并把他步步引入对话的绝佳境地有什么技巧呢？

1.风格明快

生活中大多数人不喜欢晦暗的事物，即使草木也需要阳光才能生长。同样，给人阴沉感的谈话，会让人有疑虑感、厌恶感及压迫感。反之，说话简洁明快，则容易让人接受。

2.声音独特

有的人说话的声音给人一种享受，因为他的嗓音实在是很动人。他们谈话时，非常注意说话的声音，而选择说话的声音，完全依靠他们的天赋、个性及所要表达的情感而变化。有条件的话，你可自我充当对象，把自己的话录下来再仔细地听，你可能会吃惊地发现，自己说话竟有那么多毛病。这样经常检查，发音的技巧就会不断提高。

3.语气肯定

每个人都有自尊心，很容易因为某些微不足道的事就感到自尊心受损。如此一来，你要在谈话中稍不注意说话的方式方法，对方就会立即反射性地表现出拒绝的态度。所以，要想让对方听你说话，首先得先倾听对方要表达些什么。所谓“说话语气肯定”并不是指肯定对方说话的内容，而是指留心对方容易受伤害的感受。

4.语调自然

自然的声音总是悦耳的，在交谈中我们应该注意，交谈不是演话剧，无论你是什么样的语调，都应自然流畅，故意做作的声音只能事与愿违。当你交谈的对象不是一个人，而是许多人时，应采用以下的技巧：当前一个人声音很大时，你开始说话时就可以压低声音，做到低、小、稳；当前一个人音量较小时，你的开始句就要略提高嗓门，清脆响亮，以引起大家的注意。

5.习惯用法

人类生存在当今的语言环境中，对于语言拥有自己的运用标准，一旦不符合标准，就会产生不协调的感觉，其中包括语气与措辞。在人际关系中，确实有必要根据实际情况或对方是谁而分别使用适当的语言。如果不分亲疏远近，一律以和同事谈话时的措辞来谈，那么对方将不会老老实实地听我们说话。

“太好了”“好棒哟”“真可怕”这些都是一般女孩子说话时常会冒出来的感叹词。当然，这也是一种感情洋溢的表现。一句话若没有抑扬顿挫，则流于平淡，引不起对方的兴趣，若能添一些感叹词，则能增加彼此之间的谈话的气氛，但要适可而止，过多的感叹词，亦会抹杀言词的重要性，使对方不能分辨你的意思。

6.思路清晰

当之前的谈话争论不休，而且没有头绪时，你站出来讲话，就要力求语句简短，声音果断，有条理。

当众发言时，你要想清楚自己讲什么，怎么讲，讲到什么程度。再者最好不要夹在中间，要么赶在前面，要么最后再讲，这样才能使人印象深刻。

成功说话，归根结底，是要使对方听你的，而且是发自内心愿意听你的。如果你说话能做到悦耳动听，又在情在理，让人听起来舒服、快乐，那么没有什么人不会听你的。

◎ 多谈对方感兴趣的事情

每个人都有自己感兴趣的事物或话题，我们不妨找到他人的兴趣点，积极主动地为他人送上“一顿美味大餐”，这样做比漫无目的地乱说强一百倍。

美国著名的柯达公司创始人伊斯曼，捐赠巨款在罗彻斯特建造一座音乐堂、一座纪念馆和一座戏院。为承接这批建筑物内的坐椅，许多制造商展开了激烈的竞争。但是，找伊斯曼谈生意的商人无不乘兴而来败兴而归，一无所获。正是在这样的情况下，“优美座位公司”的经理亚当森，前来会见伊斯曼，希望能够得到这笔价值9万美元的生意。

伊斯曼的秘书在引见亚当森前，就对亚当森说：“我知道你急于想得到这批订货，但我现在可以告诉你，如果你占用了伊斯曼先生5分钟以上的时间，你就完了。他是一个很严厉的大忙人，所以你进去后要快快地讲。”亚当森微笑着点头称是。

亚当森被引进伊斯曼的办公室后，看见伊斯曼正埋头于桌上的一堆文件，于是静静地站在那里仔细地打量起这间办公室来。

过了一会儿，伊斯曼抬起头来，发现了亚当森，便问道：“先生有何见教？”

秘书把亚当森做了简单的介绍后，便退了出去。这时，亚当森没有谈生意，而是说：“伊斯曼先生，在我等你的时候，我仔细地观察了你这间办公室。我本人长期从事室内的木工装修，但从来没见过装修得这么精致的办公室。”

伊期曼回答说：“哎呀！你提醒了我差不多忘记了的事情。这间办公室是我亲自设计的，当初刚建好的时候，我喜欢极了。但是后来一忙，一连几个星期我都没有机会仔细欣赏一下这个房间。”

亚当森走到墙边，用手在木板上一擦，说：“我想这是英国橡木，是不是？意大利的橡木质地不是这样的。”

“是的。”伊斯曼高兴地站起身来回答说，“那是从英国进口的橡木，是我的一位专门研究室内橡木的朋友专程去英国为我订的货。”

伊斯曼心情极好，便带着亚当森仔细地参观起办公室来了。

他把办公室内所有的装饰一件件向亚当森做介绍，从木质谈到比例，又从比例扯到颜色，从手艺谈到价格，然后又详细介绍了他设计的经过。

此时，亚当森微笑着聆听，饶有兴致。他看到伊斯曼谈兴正浓，便好奇地询问起他的经历。伊斯曼便向他讲述了自己苦难的青少年时代的生活，母子俩如何在贫困中挣扎的情景，自己发明柯达相机的经过，以及自己打算为社会所做的巨额的捐赠。亚当森由衷地赞扬他的功德心。

本来秘书警告过亚当森，谈话不要超过5分钟。结果，亚当森和伊斯曼谈了一个小时，又一个小时，一直谈到中午。

最后，伊斯曼对亚当森说：“上次我在日本买了几张椅子，放在我家的走廊里，由于日晒，都脱了漆。昨天我上街买了油漆，打算由我自己把它们重新油漆好。你有兴趣看看我的油漆表演吗？好了，到我家里和我一起吃午饭，再看看我的手艺。”

午饭以后，伊斯曼便动手，把椅子一一漆好，并深感自豪。直到亚当森告别的时候，两人都未谈及生意。最后，亚当森不但得到了大批的订单，而且和伊斯曼结下了终身的友谊。

为什么伊斯曼把这笔大生意给了亚当森，而没给别人？这与亚当森的口才很有关系。如果他一进办公室就谈生意，十有八九要被赶出来。亚当森成功的诀窍，就在于他了解谈判对象。他从伊斯曼的办公室入手，巧妙地赞扬了伊斯曼的成就，谈得更多的是伊斯曼的得意之事，这样就使伊斯曼的自尊心得到了极大的满足，把他视为知己。这笔生意当然非亚当森莫属了。

无论是与朋友还是客户交谈，多谈一谈对方的得意之事，这样容易赢得对方的认同。如果恰到好处，他肯定会高兴，并对你心存好感。

假若你的一个话题使对方产生了浓厚的兴趣，那么无论他是一个如何沉默的人，他都会发表一些言论的。因此你在谈话的停滞之中，一定要想法寻找并且不断地激起对方的兴趣，使谈话能够一直持续下去。

说话情商

说话要想获得别人的好感，可以从下面五个方面入手：

1.多提善意的建议

当一个人关心你时，只要这份关心不会伤害到自己，并且对方还提了一些善意的建议，你当然会欣然接受，对这个人产生好感。那么，反过来你对别人若也如此，别人也会同样对你产生好感。

满足他人自尊心的最佳方法就是善意的建议。对方是女性时，仅说“你的发型很美”，只不过是句单纯的赞美词；若是说“稍微剪短，看起来会更可爱”，对方定能感受到你对她的关心。若是能不断地表示出此种关心，对方对你必然更加亲切信任。

2.记住对方所说的话

一位心理学家应邀去演讲，不料主办方却问他：“请问先生的专长是什么？”他颇为不高兴地回答：“你请我来演讲，还问我的专长是什么？”

招待他人或是主动邀约他人见面，事先多少都应该先收集对方的资料，这是一种礼貌。换句话说，表现自己关心对方，必然能赢得对方的好感。

记住对方说过的话，事后再提出来作为话题，是表示关心的做法之一，也是说话的策略之一。尤其是兴趣、嗜好、梦想等事，对对方来说，是最重要、最有趣的事情，一旦提出来作为话题，对方一定会觉得很愉快。在面试时，不妨引用主考官说过的话，定能使主考官对你另眼相看留下深刻的印象。

3.注意对方微小的变化

在生活中，一般做丈夫的都不擅长对妻子表现自己的关心。比方说，妻子上美容院改变发型时，明明觉得她“看起来年轻多了”，却不做任何表示，因而使妻子心里不满，觉得丈夫不关心自己。

不论是谁，都渴求拥有他人的关心。而对于关心自己的人，一般都具有好感。因而，若想获得对方的好感，首先必须积极地表示出自己的关心。只要一发现对方的服装或使用的物品有些微小的改变，不要吝惜你的言词，立即告诉对方。例如：同事打了条新领带时，“新领带吧，在哪儿买的？”像这样表示自己的关心，绝没有人会因此觉得不高兴。

另外，指出对方与往日的变化时，愈是细微和不轻易发现的变化，愈使对方高兴。不仅使对方感受到你的细心，也感受到你的关怀，转瞬间，你们之间的关系就会远比以前更亲密可信。

4.呼叫对方的名字

欧美人在说话时，常说：“来杯咖啡好吗，莱克先生？”“关于这一点，你的想法如何，莱克先生？”频频将对方的名字挂在嘴边。这种作风往往使对方涌起股亲密感，宛如彼此早已相交多年。其中一个原因是他感受到对方已经认可自己了。

在我们的社会里，晚辈直接呼叫长辈的名字，是种不礼貌的行为。但是，平辈之间借着频频呼叫对方的名字，来增进彼此的亲密感，应是个非常有益于彼此交往的方法。

5.注意细节，投其所好

有位朋友有个奇怪的习惯，总是把他人名片的背面写得密密麻麻。与其说他是为了整理人际资料或是不忘记对方，倒不如说是为了下一次见面做好准备。也就是说，将对方感兴趣的事物记录下来，再次见面时，自己就可提供对方关心的情报作为礼物。

即使只是见过一次面的人，若能记住对方的兴趣，比方说是钓鱼吧，在第二次、第三次见面时，不断地提供这方面的知识或是趣事，借此显示自己对于对方的兴趣很关心，结果必然使对方产生很大的好感。

或许有些人会认为此种做法太过于功利主义，事实绝非如此。这种做法的确出于对对方的关心，更何况对对方也是真正有益的。借着经常保持此种姿态，结果必然能将一般通用的话题化为己身之物。换句话说，以长远的目标来衡量，此种做法能成为表现自我的有力武器，以此迅速获得对方对自己的好感和信任。

要想使自己的说话能够吸引对方的注意力，打动对方，一个重要的策略就是要赢得对方的好感。说话显示你足够的真诚，满足他人的自尊心，对他人的细微举动表示积极的关心，谈论对方感兴趣的话题，都是获得对方好感的有效方法。

◎ 抓住人心说话百发百中

我们都有这样的经验：小的时候，总有父母、师长对我们的教导，长大一些又有朋友之间的交流，这都是谈心。谈心就是打开双方的心房，通过良好的沟通促进彼此的理解，让事情朝好的方向发展。那么，是不是所有的人都会谈心呢？不见得。你也许可以高谈阔论三两个小时而面不改色，却不一定会轻声细语地谈心，而这种方法有时候更适合解决问题。

朱元璋做了皇帝之后，他从前的一位苦朋友从乡下赶来找他："我主万岁！当年微臣随驾扫荡庐州府，打破罐州城，汤元帅在逃，拿住豆将军，红孩儿当关，多亏菜将军。"朱元璋听他说得好听，心里很高兴。回想起来，也隐约记得他的话里像是包含了一些从前的事情，所以就立刻封他做了大官。这个消息让另外一个苦朋友听见了，就也去了。和朱元璋一见面，他就直通通地说："我主万岁！还记得吗？从前，你我都替人家看牛。有一天，我们在芦花荡里，把偷来的豆子放在瓦罐里煮着。还没等煮熟，大家就抢着吃，把罐子都打破了，撒下一地的豆子，汤都泼在泥地里。你只顾从地下满把地抓豆子吃，却不小心连红草叶子也送进嘴里。叶子梗在喉咙口，苦得你哭笑不得。还是我出的主意，叫你用青菜叶子放在嘴里一口吞下去，才把红草叶子带下肚子里去了……"朱元璋嫌他太不会顾全体面，等不得听完就连声大叫："推出去斩了！推出去斩了！"

两个人说的是同一件事，可是因为说话的方式不同，却得到了截然不同的待遇。人们在社交生活的实践中，道理也是相同的。如何取悦你的谈话对象是很重要的原则，取悦你的谈话对象并不意味着一味趋附对方，而只是希望能够更好地达到交流的目的。

说话情商

所谓“交人要交心，谈心要抓心”，说话其实就是心与心的交流和碰撞，说话时要考虑对方的心理倾向，与对方建立心灵上的交流。为此，可以从以下几个方面入手：

1.从他的眼睛窥视他的心灵

初次见面时，首先将视线朝左右瞄射者，表示他已经占据优势。

如果一旦被别人注视的时候，就会忽然将视线躲开。这些人大体上都怀有自卑感，或有相形见绌的感受。

抬起眼皮仰视对方的人，无疑是怀有尊敬或信赖对方的意思。

将视线落下来看着对方，表示他有意对对方保持自己的威严。

无法将视线集中于对方身上，很快地收回自己的视线的人，大多属于内向性格者。

视线朝左右活动得很厉害，这表示他还在展开频繁的思考活动。

2.从他打招呼的方式看他的内心

针对打招呼的方式，有人总结出下面的规律：

一面注视对方，一面行礼的人，对对方怀有警戒之心，同时也怀有想占尽优势的欲望。而凡是不敢抬头仰视对方的人，大部分都是内心怀有自卑感的。

使劲与对方握手的人，具有主动的性格。握手的时候，无力地握住对方的手，表示他有气无力，是性格脆弱的人。握手的时候，手掌心冒汗的人，大多数是由于情绪激动，内心失去平衡。握手的时候，如果目不转睛地注视着对方，其目的是使对方在心理上屈居下风。

虽然不是初次见面，但始终都用老套的话向人打招呼或问候。这种人具有自我防卫的心理。

3.从他的癖习看他的特性

有很多人或多或少地会有一些癖习，比如不时地搔弄头发，这是一种神经质。凡是涉及有关自己的事情时，他们马上会显得特别敏感。

一面说话，一面拉着头发的女性，大体上是很任性的女人。

说话时常常用手掩住自己嘴巴的女人，是有意要吸引对方。

拿手托腮成癖的人，即表示要掩盖自己的弱点。

不断摇晃身体，乃是焦灼的表示，这是为了要解除紧张而表现出来的动作。

双足不断交叉后分开，这种癖习表示不稳定。

4.从他的举动看他的意愿

人的一举一动，特别是下意识的形体动作，也能向你泄密。

交臂的姿势表示保护自己的意思，同样地，这种动作也能表示可以随时反击的意思。

举手敲敲自己的脑袋，或用手摸着头顶，即表示正在思考的意思。

摸头的手震动得很厉害，即表示全心全意在思考中。

用双手支撑着下颌，大多数的情况都表示正在茫然的思考中。

用拳头击手掌，或者把手指折得咔咔作响，就表示要威吓对方，而不是在进行思考的活动。

◎ 说话的姿态放低一些

与人说话，姿态可以适当放低一些。偶尔说一说“我不明白”“我不太清楚”“我没有理解您的意思”“请再说一遍”之类的语言，会使对方觉得你富有人情味，没有架子。相反，趾高气扬，高谈阔论，锋芒毕露，咄咄逼人，容易挫伤别人的自尊心，引起反感，以致他筑起防范的城墙，从而导致自己的被动。

美国有位总统，在庆祝自己连任时开放白宫，与一百多名小朋友亲切“会谈”。10岁的约翰问总统，小时候哪一门功课最糟糕，是不是也挨老师的批评。总统告诉他：“我的品德课不怎么好，因为我特别爱讲话，常常干扰别人学习。老师当然要经常批评的。”他的回答，使现场气氛非常活跃。

后来有一位叫玛丽的女孩，她来自芝加哥的一个贫民区。她对总统说，她每天上学都很害怕，因为她不知道会发生什么事情，害怕路上遇到坏人。此时，总统收起笑容，严肃沉重地说：“我知道现在小朋友过的日子不是特别如意，因为有关毒品、枪支和绑架的问题政府处理的不理想——我愿意你好好学习，将来有机会参与到国家的正义事业之中。也只有我们联合起来和坏人做斗争，我们的生活才会更美好。”

这位总统的话紧紧抓住了小朋友的心，使小朋友的心里面认为总统和他们是好朋友。即使场外的大人们看到这样的对话场面，也会感到总统是一个亲切的人。从心理学角度分析，这位总统展现的不仅是亲和的说话和动作，更是人际关系中“同理心”的特质。他利用这种特质，透露给儿童他的过去和他们一样，也常被老师批评，但只要经过自己的努力，也会成长为有用的人。总统在认同小朋友对社会治安担心时，还鼓励小朋友参与正义事业，那样，正义者的力量会更大。

这样的谈话使小朋友发现，总统是和他们生活在一个国家里，站在一个立场想问题。

在总统的这个谈话中，还体现了另外一个有趣的心理现象。总统在说话时坦陈自己“小时候品德不好，常挨老师批评”，其目的不仅是拉近距离，便于沟通，同时也塑造了一种在美学上称之为“缺陷美”的形象。

心理学家指出，一个接近完美的人如果敢于承认自己人性瑕疵，他的言行将比神圣而不可高攀的人更讨人喜欢。其中的主要原因是，一个过于高大的完善的人物容易在人的内心产生一种压迫感，有时也会令人有一点点自卑心理。而说话者通过坦诚自己的某个小缺点或过去的某个缺点时，无形中缓解了听话者压迫感的程度。

同时，当大人物与普通人谈话时，主动表示亲和或者采用适当的低姿态会满足普通人的自尊心理需求，当然是非常受欢迎的。

上述故事中的总统对谈话对象心理的研究以及他所采取的低姿态，值得在生活和工作中借鉴。

说话情商

一个高明的谈话者处处体现谦虚的低姿态。无论别人怎样敬仰他、佩服他，他都态度谦恭，虚怀若谷。一个狂妄自大、目中无人的人，是没有多少人愿意与他交谈的；同样，一个心地狭窄得只容得下他自己的人，也是不受欢迎的。

谦虚之所以受到尊崇，就因为它是做人的美德及事业成功的法宝，但是，谦虚也并非想做就能做到。

有的人得到领导的表扬、同事的夸奖，内心里着实想谦虚一番，却寻找不到适当的表达方法。他们要么手足无措，面红耳赤，支支吾吾，要么说一些“归功于集体，归功于大家”的套话听起来让人觉得虚假。

那么，在社交场合，不同的时间，不同的环境，不同的氛围，如何用不同的方式表达自己的谦虚，才能给人留下一个良好的印象呢？

1.转移对象

如果表扬或赞美使你感到在众人面前窘迫的话，你不妨想办法转移人们的注意力，使自己巧妙地“脱身”，把表扬或赞美的对象“嫁接”到别人的身上，但要有所依据，不然也会显得空和假。

2.妙设喻体

直言谦虚，固然可取，但弄不好会给人一种虚假的感觉。特别是两个人之间，如果仅仅说“你比我强多了”这类话，容易有嘲讽之嫌。遇到这种情形，你不妨用一个比喻方式，巧妙地表达自己的谦虚。

3.自轻成绩

任何称赞和夸奖，都不可能毫无缘由，或者因为某件事，或者因为某方面的成绩。这时你不妨像绘画一样，轻描淡写地勾勒一笔，却在淡泊之中见神奇。

4.相对肯定

面对别人的称赞，如果把自己说得一无是处，不但起不到谦虚的作用，反倒给人一种傲慢的感觉。正如俗话所说：“过分的谦虚等于骄傲。”现实生活中，类似这样的情况屡见不鲜。所以，谦虚要掌握一定的分寸。

5.征求批评

面对人们的赞美，诚恳地征求大家的批评，这是表现你谦虚精神的一种最有效的方法。但要注意适当适度，不然虚心也就变成了虚假。

我们在社交生活中，可以根据不同的场合、不同的环境、不同的交际对象，去不断创造自我，虚心学习。

只要虚心而诚挚，努力追求谦虚的品格，在谈话时保持平和坦诚的态度，尊重对方，就一定会成为一个受人敬重的人，说话的分量也会相应增大。

CHAPTER 3

有礼有节，说话左右逢源的艺术

◎ 得体地使用礼貌语言

平常说话有许多口头“敬语”，我们可以用来表示对人尊重之意。“请问”有如下说法：借问、动问、敢问、请教、借光、指教、见教、讨教、赐教等；“打扰”有如下词汇：劳驾、劳神、费心、烦劳、麻烦、辛苦、难为、费神、偏劳等。如果我们在语言交际中记得使用这些词汇，相互间定可形成亲切友好的气氛，减少许多可以避免的摩擦和口角。

有位名叫亚诺·本奈的小说家曾说：“日常生活中大部分的摩擦冲突都起因于恼人的声音、语调以及不良的谈吐习惯。”此话说得颇有道理。何故？只要我们细察生活于自己身边的人就会发现，谈吐的缺陷往往可能导致个人事业的不幸或损及所服务机构的荣誉与利益，更可能导致父子不和、夫妻离异乃至人际关系的紧张恶化。一个人的谈吐，往往决定企业是否愿意聘用他，或合作者是否愿意投他信任一票与之发生商业关系。

有位商店老板，在接待应聘者小汤时，本来是准备聘请小汤的。在面试临近结尾的时候，老板表示对事情的发展感到满意，并将于今后几天内与小汤会面。然而小汤说：“难道现在你不能告诉我，是否能得到这份工作吗？因为过几天我要外出旅游去了。”老板说：“噢，你不是告诉我，一得到通知就马上开始工作吗？”小汤说：“你最好别指望我能坐下来等你几天的电话。”老板说：“好吧，那我只能说，如果我们需要你，就会与你联系的。”然而，这位老板始终没有给小汤打电话。这是小汤缺乏礼貌语言的必然结果。

说话情商

在我国，同人打招呼常习惯问：“你吃饭了吗？”“你到哪里去？”见面时称道“早安”“午安”“晚安”“你夫人（先生）好吗”“请代问全家好”等。语言务必温和亲切，音量适中。若粗声高嗓，或奶声奶气，别人就难有好感。运用礼貌语，还要注意仪表神态的美，当你向别人询问时，态度尤其要谦恭，挺胸腆肚，直呼其名，或用鄙称，必遭人冷眼，吃“闭门羹”。

在交往中得体地使用礼貌语言和谦词，可以给对方留下良好的印象。

（1）你和人相见，互道“你好”，这再容易不过。可别小瞧这声问候，它传递了丰厚的信息，表示尊重、亲切和友情，显示你懂礼貌，有教养，有风度。

（2）美国人说话爱说“请”，说话、写信、打电报都用，如请坐、请讲、请转告。传闻美国人打电报时，宁可多付电报费，也绝不省掉“请”，因此，美国电话总局每年从请字上就可多收入一千万美元。美国人情愿花钱买“请”字，我们与人相处，说个“请字”，既不费力，又不花钱，何乐不为？

（3）英国人说话少不了“对不起”这句话，凡是请人帮助之事，他们总开口说声对不起：对不起，我要下车了；对不起，请给我一杯水；对不起，占用了您的时间。英国警察对违章司机就地处理时，先要说声“对不起，先生，您的车速超过规定”。两车相撞，大家先彼此说对不起。在这样的气氛下，双方自尊心同时获得满足，争吵自然不会发生。

（4）成功人士说话非常注意用礼貌语言，如：你好、请、谢谢、对不起、打搅了、欢迎光临、请指教、久仰大名、失陪了、请多包涵、望赐教、请发表高见、承蒙关照，谢谢、拜托您了，等等。

◎ 感谢的话立刻说出来

每当别人给了你一点方便和照顾，即使这种照顾帮助是对方分内的事，你也要说“谢谢您”“给您添麻烦了”。

说“谢谢”的时候，要诚心诚意，双眼充满感激之情地注视着对方的眼睛，真诚、自然、郑重地说。

说感谢话是一门学问，把感谢的话留到第二天去说，不仅起不到感谢的效果，还会让人感到你不懂基本的礼貌与礼节，很难与人建立友好的人际关系。感谢不仅要及时，还要做到情动于衷，言为心声。在情感真挚的前提下，说感谢话时，做到声情并茂，表情恰当，会让对方如沐春风。

一天中午，大家正聚在办公室里闲聊，突然闯进一个男孩。他很年轻，眼里流露出胆怯和不安。

男孩拿出一张字条，结结巴巴地说："我、我是电脑公司的，你们单位欠了我们钱，总共有1000元。"说完，男孩不知所措地站在那儿，像犯了错误似的。

有人不耐烦地说："没钱！下回再来！"男孩嘴唇微微地嚅动着，但什么也没说，转身离去。或许这是男孩第一次出门要钱，他不知道向谁要，其实这时会计就坐在云的旁边。

第二天快下班的时候男孩又急匆匆地来了，当时办公室里只有几个人，会计看了一眼男孩，说："来迟了，没钱！"男孩眼里满是焦急："那我什么时候来才有钱？""那说不准。"会计抛下一句话就离开了办公室。

过了几天，这天下雪了。男孩来到了办公室满怀期待地望着办公室里的几个人，却没有人理他，每个人都在做自己的事。主任抬起头见他还站在那儿，便说："没见我们正忙吗？到外边去，等我们有空儿再进来。"男孩尴尬地低下头，匆匆地走开。

那天下午，云上班时看到男孩仍站在走廊上，这回男孩没进办公室，他一直默默地站在外面，一两个小时过去了，大家在办公室里谈笑风生，男孩仍然站在外面，外面很冷。

这时云再也耐不住了，走到男孩身边轻声说：“那个穿红衣、披肩发的就是会计，她有钱！”男孩走进办公室，这一次，他终于拿到了钱！

下班后，云走出办公室，发现男孩竟然还站在那里，他看到云便走过来诚恳地说了声“谢谢”，然后便匆匆离去。

云怔住了，她被这个男孩感动得差点落泪，也为身边那些冷漠麻木的人感到羞愧。

学会感谢会让我们在社交场合变得彬彬有礼，给人留下很好的印象。

人际交往是一个互动过程。一方的善意行为必然引起另一方的“酬谢”，例如感谢。而这种“酬谢”又将进一步使对方产生好感，并发出新的善意行为。这样，就使双方的人际关系进一步融洽。

说话情商

一声真诚的“谢谢”虽然只有两个字，却体现了人际之间的配合与默契。正确、恰当地道出“谢谢”，有以下几种方法：

1.诚心实意

当你确实从内心深处产生感谢对方的愿望时再说出“谢谢”，这才能显示出你的真心实意，并赋予感谢以感情和生命。

最能显示你的谢意真诚的，无过于在“谢谢”二字前面加附加的修饰词，如：“真是太谢谢您了”“十二分地感谢您的无私援助”等。或者用重复的句式，如：“谢谢，谢谢，谢谢您了。”

2.直截了当

向对方表示谢意的最好方式是直接、当面，不要委托别人，也不要含糊其词地让人听不明白，更不要怕别人知道你要向他道谢而不好意思。如：“上次孩子入托，多亏你的大力帮助。尤其是孩子年龄差一点，这一关，要不是你多次给我疏通，我怕还得在家哄孩子玩呢！真是太感谢您了……”感谢者不仅直接面向被谢者，而且把因为什么要感谢说得重点突出，让对方从中也生出一种自己有能力办大事、关系网多的自豪感。看来，直截了当不仅在于方式，也在于“谢谢”之语中的具体内容。当然，在有外人的场合或不便直截了当地说出感谢的内容时除外。

3.指名道姓

这是让你的感谢专一化的一种有效方式，可以更加打动被感谢者的心，使之在更大程度上相信和接受你的感谢。如：“王正亮，我真得好好地感谢你啊！别提了，要不是你连着上局里跑了三次，我那级工资就算打水漂了！走，我请你上海鲜馆吃一顿……”

如果你要感谢一同帮你办事的几个人，那就不仅仅要说概括性的“谢谢大家”，而且要一个一个点名道姓地向他们道谢。

这种事千万不要怕麻烦，有几个应该感谢的就逐个按照他们的职位、年龄或与你的亲近程度一个一个地给他们“点名”感谢，这就使被感谢者知道你是一个重情重义的人，以后会更乐意与你交往。

4.出人意料

出人意料，指的是当对方没有想到或本来感到这件小事不值得感谢的时候，你却对他们道出了真诚的“谢谢”二字。也许，对方甚至根本没有故意为你做什么事；也许，对方只是无意地或者顺带地在做其他事时使你的事也成功了。对于这些，你都不必吝啬你的感谢。比如：小王在下班回家的路上顺便帮小李买了份《中国电视报》，小李见到小王后就谢道：“谢谢你！我会在每天晚上看电视的时候想起你！”

5.主动及时

这是从感谢者的道谢态度和时间上来说的。及时，是说感谢者要在别人为你做事后，在尽短尽快的时间内马上去表示感谢。主动，是指要主动找上门去，或上对方所在单位和家里去亲自道谢，而不要在路上遇见或偶然在某个公共场合想起来才表示感谢。虽然同样是“谢谢”二字，主动及时地上门道谢和被动、偶尔相逢才想起道谢的效果是截然不同的。如：当你得了别人的帮助、事情已有了好的结局，就可以马上登门道谢：“王主任，我今天是无‘谢’不登三宝殿哪！您可帮了我——不，您可帮了我们全家的大忙啦！我爱人昨天听到信后就催着我来向您致谢，我儿子也说：‘代我谢谢王叔叔！’所以说，我今天来是代表我们一家三口来的，真诚地谢谢您……”试想一下，如果这番话放在几个月或半年以后再说，或者不是去王主任家里，而是偶尔在路上相逢才说出，谁会相信这“谢谢”二字的诚意呢？

◎ 什么场合说什么样的话

场合对说话的影响，与场合对交际者的心态和情绪的折射作用分不开。场合不同，氛围不同，人们的心情心绪也不同。他们对一些问题的感受和理解的程度也不一样。同样一句话，在此场合会被认为合理，有见解，在彼场合则会引起人家的厌恶和反感。因此，在不同的场合就要说符合场景气氛的话，说话要特别注意分寸，否则，不看场合说不合情景的话就会碰壁。

鲁迅先生有一篇散文《立论》，非常生动地揭示了说话应注意场合的特点。文章大意是：

一家人家生了一个男孩子，合家高兴透顶了。满月的时候，抱出来给客人看——大概自然是想讨点好兆头。一个人说：“这孩子将来要发财的。”他于是得到一番感谢。一个人说：“这孩子将来要做官的。”他于是收到几句恭维。一个人说：“这孩子将来是要死的。”他于是得到一顿大家合力的痛打。

这篇故事性散文里，孩子满月是喜事，主人这时愿意听赞美之词，尽管是信口之言；而说孩子将来必死确是有据之言，却使主人反感。因为在轻松的场合言语也要轻松，在热烈的场合言语也要热烈，在清冷的场合言语也要清冷，在喜庆的场合言语也要喜庆，在悲哀的场合语言也要悲哀。所以说话要看场合，到什么时候唱什么歌。

一位早年毕业于某高等院校中文系、勤勤恳恳工作了几十年的老教师退休了，为此，学校为他和另一位曾多次荣获过“先进”的退休老同志一并举行了一个欢送会。领导对他们的工作和为人进行了热情洋溢而又非常得体的肯定和赞扬，相比之下，对那位曾多次荣获过“先进”的老同志的美誉则尤多。当轮到两位受欢迎的退休老同志致答辞的时候，他们对大家的欢送做了深情的感谢。一时间，会场里充满了一种令人动情的温馨气氛。作为答谢，话本该说到这里为止；然而，那位老教师却并未就此打住，而由人们对另一位“先进”的赞扬中引起了感触，并做了颇为欠当的联想和发挥：“说到先进，很遗憾，我从来也没有得过一次……”

话犹未尽，坐在他对面的、平日与他相处得不很融洽的一位青年教师突然抢了话头：“不，那是我们不好，不是你不配当先进，是怪我们没有提你的名。”话语带着不肯饶人而又让人难堪的“刺”，冷不防，老教师的眼角眉梢被“刺”出了一股感伤的表情，一时间会场中出现了令人难堪的尴尬气氛。

领导见势不对，马上接过话茬，想把气氛缓和一下。照理说，这时，他应避开“先进”这个敏感的话题，转而谈论其他。然而，他却反反复复劝慰那位退休老教师，叫他对“先进”的问题不要在意，说没有评过先进，并不等于不够先进，先进不仅在名义，更要看事实，如此等等一席话，等于是把本应避而不谈的话题做了重复和引申，使本已尴尬的局面显得更为尴尬。

这是一个发生在我们身边的真实故事。从这个故事中，我们能引出几点发人深思的教训来：

一是那位退休老教师的教训：不该作无谓的比照。比照，是谈话中常用的一种手法。用得好，可以使谈话产生某种积极的效果。这里，“积极的效果”是应该特别注意的。在退休欢送会这样的场合，人家所说的都是一些富有情感而又不失真意的十分得体的人情话和好话。对于这种充满人情味的好话，听话者要善于倾听，善于应答，大可不必拿别人的长处来衡量自己的短处，从而引起不快。

二是那位青年教师的教训：不要在别人失意之火燃烧时加油。一位勤勤恳恳工作了一辈子的老前辈即将退休时，虽然可能因为老先生平时在某些方面不善为人处事而与自己伤了和气，然而在欢送会这种场合，我们却不能乘别人一时失言，抓住不放，图一时之痛快而说出那些不合人情的刻薄话，在这种场合，无论如何，还是要在“欢”字上多考虑一些，“欢送欢送”“欢”而“送”之，要尽可能多留一点美好给人家。

三是那位领导人的教训：应注意避开敏感话题。领导者的能力固然表现在原则性上，在会场一时出现了某种始料不及的尴尬局面时，他没有直接去批评那位言之有失的青年教师，而是竭力肯定那位教师的贡献，具有这种应急应变的意识并立即着手应变，这些都是无可厚非的。然而，从具体的应变能力和说话方式的一面看，却又显得很不够。照理说，在这种场合，他应竭力避开“先进”这个敏感的话题，“顾左右而言他”，巧妙地把话题岔开，使欢送会的气氛由暂时的不欢而重新转向欢快，并顺势掀起新的高潮，而不是如他所做的那样，在敏感的话题上唠叨不休。能否机敏地避开某些不宜多说的话题，对领导者的领导能力也是一种很好的检验。

三个方面的教训，合为一点，就是：说话要注意场合。不看场合，随心所欲，信口开河，想到什么说什么，这是愚者的表现。人，总是在一定的时间、一定的地点、一定的条件下生活，在不同的场合，面对着不同的人，不同的事，从不同的目的出发，就应该说不同的话，用不同的方式说话，这样才能收到理想的效果。

说话情商

紧眨眼，慢张口。不同场合有不同的说话尺度。沉痛、悲哀、忧戚、肃穆性的语言，只能出现在奔丧、吊唁、追悼会等场合；庄重、严肃性的语言，只能出现在会议等场合；愉悦、欢快、祝贺、颂扬性的语言，只能出现在剪彩、乔迁、结婚、庆功等场合；轻松、随和、自由性的语言，只能出现在私人交谈等场合；宽慰、祝愿、企望、仰慕性的语言，只能出现在探病、拜望、问安等场合。

1.应邀参加某种娱乐时

“如果还有空额，我希望有加入的荣幸机会。”

2.好友重逢时

“××先生，很高兴又见面了。”

3.如何表示歉意

拨错电话时：“对不起，打错了。”

疾走时撞了他人：“对不起，我不是有意的。”

4.如何接受赞美

对方说：“你早上所提的建议真好。”

“你今天早上看起来特别靓丽清爽。”

回答：“谢谢，你真客气。”

5.何时说请

对你的另一半说：“周日我要请老板吃饭，请帮我一起接待他。”

对出租司机说：“请送我到国际机场。”

对饭店出纳员说：“请给我301房的账单。”

对秘书说：“请把这份材料传真给建筑材料公司张经理，另一份给××市的红光贸易公司。”

对餐厅的服务员说：“请给我菜单。”

对公司副经理说：“请注意代表们对我们的计划第二段所提的批评，相当重要哟。”

6.表示对朋友的关心

“马丽，你的病好些了吗？”

“安东，我听说你们公司已经打入美国市场了，好好干吧。”

“霍克，早上的会议多亏你提了个好建议，真是不胜感激。”

7.礼貌逐客时

“我的天，都快11点了，我必须赶着去开会了。”

“很抱歉，我还有另一个会议，几分钟前就开始了。”

“真对不起，我现在必须赶到飞机场。”

“这次见面获益匪浅，希望再次见到你。”

“谢谢您的光临，一旦有结果，我会马上告诉您。”

“真抱歉必须结束这次面谈，因为上班要迟到了。但我希望能有机会完成这次面谈，现在我必须马上赶到办公室去。”

8.想求得他人帮助时

“我刚才发言的声音是不是有些不自然？”

“我的手握起来是不是湿湿的？”

“早上汇报时，我是不是说了不少废话，是不是应该更简练些？”

“明天我要去定做一套西服，您能不能跟我一起去，当场给我参谋点意见？”

9.需要下属加班时

“××，我实在很不愿意让你留下来加班完成这项工作，不过你是我唯一能够信任的人，所以请你务必帮忙。但我保证，对于今晚所造成的不便，我日后一定会有所补偿。”

或者说：“请完成这份工作。这样要求你实在很抱歉，非常谢谢你的帮忙”。

◎ 说好“对不起”不容易

说话做事没有不出错的时候。出了错，应该说“对不起”。向人说“对不起”，就是承认自己的言谈举止或某些做法不妥，并把愧疚的心情传达给对方，请求对方原谅。

打扰了对方，给对方带来了不方便，或做错了事，如果你及时说一声“对不起”“请原谅”，就会修补已经受到损坏的形象。事先约好的会面你不能去了，要提前告诉对方“对不起，我有事来不了”。别人求你办事，你因故要拒绝，要说“抱歉，这事我帮不了你的忙”。

有两户人家紧邻而居，东家的人和乐相融，生活幸福美满；西家的人经常争吵，天天鸡犬不宁。这种情形引起了一位社会学专家的兴趣。

社会学专家问东家的人说：“你们一家人为什么从不像西家人那样经常争吵，而能够和睦相处呢？”

“因为我们一家人都认为自己是做错事的坏人，所以能够互相忍让相安无事；而他们一家人都认为自己是好人，因此争论不休大打出手。”东家的人如此回答。

社会学家又问：“这是怎么回事呢？”

东家人回答说：“譬如有一个茶杯被打破了。在他们家自以为自己是好人的情况下打破杯子的人不肯认错，还理直气壮地大骂：‘是谁把茶杯乱摆在这里的？’摆杯子的人也不甘示弱地反驳：‘是我摆的，你为何不小心把它打破了？’彼此间不肯认错，不肯退让，僵持不下当然会吵架了。可是我们家，如果谁不小心打破茶杯，就会抱歉地说：‘对不起，是我疏忽打破了杯子。’而放茶杯的人听到也会回答：‘这不全怪你，是我不应该将茶杯放在那儿。’像这样坦白承认自己的过失，互相礼让，怎么会吵架呢？”

社会学专家点了点头。

东家人真是智人智语。不是吗？与人交往时常抱以“对不起，我错了”的心态，把自己的姿态放低，学会谦卑，以坦诚来修炼自己的心性，扩大自己的度量就能化解许多误会。

“对不起”这三个字看来简单，可是它的效用，不是别的字所能比拟的。这三个字，它能使强顽者低头，也能使怒气消减。可是有多少人知道它的效用，而充分利用它呢？多少仇怨，多少嫌隙，不是纯由某一方不会使用这三个字而起吗？

凡物不平则鸣，世间原无不可解决的事。你在公共汽车上误踩了别人的脚，你说声“对不起”，被踩者自然不计较什么了。人的心理原是这样，对于许多事情皆可原谅。若因为你的过失，使别人吃亏，而你还不承认自己的不是，好像他的吃亏是咎由自取似的，这就不能使他原谅你了。客气和谦虚是获得友谊的唯一方法，事事要占上风，到处惹是生非，则其受人齿冷，就不奇怪了。在公共汽车上踩了别人一脚，自己不承认错误，却还埋怨旁人，以此处世，如何能使别人心服。

消除恶感，避免伤害对方的感情，最聪明的方法是自己谦逊一点。自己有过失的时候立刻道歉，别人会给你同情。

反之，不承认过错，就难怪对方生气，许多小口角变成打架，或因一两句话就酿成命案的，皆由此而起。倘若我们大家都常常不忘这三个字的巧妙，我们的生活将会增加了多少愉快和祥和呢！

“对不起，害你等了许多时候。”“对不起，你可以替我把茶杯递过来吗？”在日常的谈话中，这三个字真是用途太多了。因为它能表示客气和礼貌，能使别人对你更为宽容了解。

“对不起”三字，意思无非是让别人占上风，既然他占上风了，他还有什么更大的要求呢？息事宁人，莫善于此。要使家庭不失和，朋友不交恶，这三字真是百效的灵药。古人教人要“夫妻相敬如宾”，对人要“恭敬谦和”，也无非叫你多说几声“对不起”罢了。

下次你要经过别人座位时，请先说声“对不起”，那么让路的人一定不会把眉梢皱起。如果你招待你的顾客时多说两声“对不起”，那交易也十有八九会成功的。

说话情商

在葛底斯堡战败之后，罗伯特·E.李告诉他的残兵败将，没有取得胜利完全是他的责任。温斯顿·丘吉尔对亨利·杜鲁门的第一印象十分不好，后来他告诉杜鲁门，自己曾一度严重地低估了他——这是一句用高明的恭维话表示的歉意。

说“对不起”，也就是向对方道歉，它能够挽救危机，除窘迫、出困境、愈裂痕、和解受损的关系。它可以巩固友谊，推进新的人际关系的发展，使双方会更加珍惜经过波折而重归于好的感情。道歉，在低头鞠躬的同时，是自己将自己在人生的台阶上又提高了一步。道歉，是利人益己的鞠躬，是真诚的悔悟，而不是妄自菲薄；是人格的完善，而不是卑躬屈膝；是性格的成熟，而不是丧失尊严。

你会道歉吗？

1.勇于承担责任

道歉首先要有承担责任的诚心和勇气。道歉不仅不是一件丢脸的事情，反而更能体现一个人良好的人品与修养。“负荆请罪”的典故中，人们不仅佩服蔺相如的“豁达大度”，更佩服廉颇“有过则改”的勇气和负荆请罪的真诚。有人道歉“犹抱琵琶半遮面”，左一个“因为”，右一个“假设”，强调种种客观因素，或将责任推到他人身上，说“要不是他……我不会……”而很少扪心自问是否无愧。这样的道歉自然苍白无力，无法让人生出谅解之情。道歉要有“廉颇式”的诚意，有了诚意，才会有说“对不起，我错了，请原谅”的勇气。

2.善于把握时机

很难想象几十年后的“对不起”不是一句迟到的忏悔。道歉要善于把握适当的时机，应选在对方心平气和有喜事临门等心情较好的时候。“人逢喜事精神爽”，这时，他更容易接受你的道歉，与你握手言和、重归于好。时间宜早不宜迟。道歉要善于选准适当的地点，最好是亲自上门道歉，或约对方到一个环境幽雅安静的地方，双方都能平心静气，自然也就容易推心置腹、开诚布公地谈一谈心，化干戈为玉帛。

3.巧于借物传情

如果直接道歉不适宜，也不妨在适当时间打个电话或写封言辞诚恳的信，向对方表示歉意。也可以请一位彼此都信任的朋友、同事或领导代为转达歉意。日后，时机适宜时再登门致歉赔礼。雨不小心伤害了同学文，他感到很内疚。于是，文生日那天，雨到学校广播站为文点歌一首，并说："文，对不起，我真的不是故意的，你能原谅上周末惹你生气的朋友吗？今天是你的生日，我祝你生日快乐，前程似锦！"文听到广播后很感动，立刻登门致谢，两人和好胜初。

4.贵在持之以恒

也许你的失误给了对方深深的伤害，这时，你要有诚心，更要有耐心。一次不行就两次，两次不行就三次。濒于失去耐心与信心时，你要站在对方的立场上想一想：要是你，你能轻易原谅深深伤害你的人吗？滴水尚能穿石，只要你敞开心扉真诚地对待对方，"精诚所至，金石为开"，朋友间再不会有解不开的心结。

5.不要找借口

人们在道歉时，往往不理智地倾向于为自己寻找一些造成过失的借口。实际上，这只会冲淡你的诚意，还会失掉对方表示原谅或宽容的机会。不找借口的致歉可为双方留下更为良好的自我感觉。至于道歉者对过失应承担多少责任，其关系实在是微乎其微。因为越是主动地把责任揽于自身，就越会激励别人主动承担自己应当承担的责任。

6.不可敷衍了事

诚恳地道歉才能弥补过失。轻描淡写的道歉，会使对方感到羞辱，认为你瞧不起他或者他无足轻重。有的人仅仅学会说"对不起"，犯了什么错都随口一声。久而久之，人们会疏远你，不再相信和原谅你。

7.不必一再道歉

有人虽属说话高手，但在道歉艺术上却欠功夫。苏姗在办公室里不小心将蓝墨水洒到乔伊斯的粉红色裙子上。她连忙赔礼，道歉不迭。乔伊斯安慰她说，不要紧。下班后，乔伊斯用药水把墨迹洗掉，并且忘了这件事。可是事隔三天，苏姗见着乔伊斯，再次向她道歉。以后，每次两人碰面，苏姗都要赔不是，弄得乔伊斯很烦。她说："你不必总记着那件小事。我早把它搁到脑后了。你要是还这样折磨自己，我就没法跟你做朋友了。"当对方谅解你以后，你心里不要再觉得老是过意不去。

8.做件好事作为赔礼的表示

有的人出于个人尊严，不愿意当面赔礼，但又觉得不向对方道歉又过意不去。因此，不妨换一种方式，给对方暗中做件好事，以使他明白你的歉意。比如，你借朋友的一本书，不慎遗失，你不好意思解释，便可买另外一本你朋友喜欢的书送给他，或者帮他办一件他不易办到的事。这种替补式的道歉还能增进人们的情感。

道歉者至诚至恳，接受道歉者也要宽容。对道歉者，应当真挚地说一声："没什么！""我原谅你！""我接受你的歉意！"如果大家能坐到一张桌子上，边吃边谈，那定会平息一切风波，消除一切隔阂。严于责己，宽以待人，才是一种高尚的美德。

9.道歉用语

“对不起！”

“请原谅！”

“很抱歉！”

“打扰了！”

“给您添麻烦了！”

“对不起，是我的不对！”

“我错怪你了！”

“请你转告李先生，就说我对不起他！”

“请你把这束小花转交给王小姐，我向她道歉。”

◎ 适当加点幽默的调料

幽默的谈吐能使紧张的气氛顿时显得轻松活泼，能让人感到说话人的温厚和善意，使其观点容易被人接受。林语堂先生说：“幽默是一种人生态度。”

幽默的话语无处不在，它已成为一种健康的文化和艺术，是人际交往的调节剂。幽默是一个人智慧的外现。在不愉快的气氛笼罩下，幽默的言语可以显露一个人的机智、聪敏。

有人说，幽默是人生活中的调味品。有人干脆说，幽默就是生活中的盐，有了它，生活本身有时也会变得趣味横生，具有神奇的魅力。

幽默可以使愁眉苦脸者笑逐颜开，也可以使泪水盈眶者破涕为笑；可以为懒惰者带来活力，也可以为勤奋者驱散疲惫；可以为孤僻者增添情趣，也可以使欢乐者更愉悦。

生活中没有一个人不喜欢风趣幽默的语言。在中国的传统文艺晚会上，相声小品之所以一直成为最受欢迎的节目之一，就在于它的表现形式离不开幽默，那幽默的语言强烈地感染着观众的心，幽默的话能抓住听者的心，使对方平心静气，也可以使一些深刻的思想表达得更加生动和形象。

说话情商

幽默是人的能力、意志、个性、兴趣的综合体现，它是社交的调料。有了幽默，社交可以让人觉得醇香扑鼻，隽永甜美。它是引力强大的磁石，有了幽默的社交，便会把一颗颗散乱的心吸入它的磁场，让别人脸上绽开欢乐的笑容。它是智慧的火花，是智慧者灵感勃发的光辉；它是高级的逗笑品，幽默不一定会使你捧腹大笑，却能引起莞尔微笑。

以下是幽默的技法要领：

1.大词小用法

作家冯骥才访问美国，有非常友好的华人夫妇带着他们的孩子来拜访，双方交谈得投机之时，冯骥才突然发现那孩子穿着皮鞋跳到了床单上。这是一件令人很不愉快的事，而孩子的父母竟然浑然不觉。此时，任何不满的言语或行为都可能导致双方的尴尬。怎样让孩子下床呢？

冯骥才很轻松地解决了，凭着他的阅历和应变的能力，他幽默地对孩子的母亲说："请您把孩子带回到地球上来。"主客双方会心一笑，事情得到圆满的解决。

在这里冯骥才只玩了个大词小用的花样，把"地板"换成了"地球"，但整个意义就大不相同了。地板是相对于墙壁、天花板、桌子、床铺而言，而地球则相对于太阳、月亮、星星等而言。"地球"这一概念，把主客双方的心灵空间融入了茫茫宇宙的背景之中。这时，孩子的鞋子和洁白的床单之间的矛盾便被孩子和地球的关系淡化了。

技法要领：所谓"大词小用"法，就是运用一些语义分量重、语义范围大的词语来表达某些细小的、次要的事情，通过所用词的本来意义与所述事物内涵之间的极大差异，造成一种词不符实、对比失调的关系，由此引出令人发笑的幽默来。

2.戏谑调侃法

有一个人很有幽默感，而且擅长恭维。一天，他请了几位朋友到他家一聚，准备施展一下自己的专长。他临门恭候，等朋友接踵而至的时候，挨个儿问道："你是怎么来的呀？"

第一位朋友说："我是坐的士来的。"

“啊，华贵之至！”

第二位朋友听了，打趣道：“我是坐飞机来的！”

“啊，高超之至！”

第三位朋友眼珠一转：“我是坐火箭来的！”

“啊呀，勇敢之至！”

第四位朋友坦白地说：“我是骑自行车来的。”

“很好啊，朴素之至！”

第五位朋友羞怯地说：“我是徒步走来的。”

“太好了，走路可以锻炼身体，健康之至呀！”

第六位朋友故意出难题：“我是爬着来的！”

“哎呀，稳当之至！”

第七位朋友讥讽地说：“我是滚着来的！”

主人并不着急，说：“啊，真是周到之至啊！”

众人齐笑。

主人的戏谑幽默是纯自我保护性的，几乎无攻击性，表现了他触景生情、即兴诙谐的才智。

技法要领：“戏谑幽默”法，就是带有很强的攻击性，或表面攻击性强，其实无攻击性的幽默技巧。越是对亲近的人攻击性越强，越是对疏远的人攻击性越弱。简言之，就是开的玩笑是带有机智、哲理的玩笑，目的是增加你对对方的亲切感。

3.歪解幽默法

歪解就是歪曲、荒诞的解释。

三位母亲自豪地谈起她们的孩子，第一位说：“我之所以相信我家小明能成为一名工程师，是因为不管我买给他什么玩具，他都把它们拆得七零八散。”

第二位说：“我为我的儿子感到骄傲。他将来一定会成为出色的律师，因为他现在总爱和别人吵架。”

第三位：“我儿子将来一定会成为一名医生，这是毫无疑问的，因为他现在体弱多病。俗话说‘久病成良医’。”

读到这儿，我们都会忍俊不禁。这种幽默的力量是从哪里来的呢？很显然，是从这三位母亲的滑稽的解释中得来的。如果说儿子能当上工程师是因为喜欢用积木搭桥盖房子，说儿子能当律师是因为喜欢法官的大盖帽，说儿子能当医生是因为他常玩给布娃娃打针的游戏，那就没有多少幽默可言了。这种解释是从生活的常理中来的，人们听来毫不觉得意外，所以并不可笑。而这里的三位母亲却都跳出了这些常理的框框，给这些问题找到了一个似是而非、牛头不对马嘴的解释，结果和原因之间显得那样不相称，那样荒谬，两者之间造成了巨大反差，于是形成了幽默感。

技法要领：俗话说，理儿不歪，笑话不来。“歪解幽默”法就是以一种轻松、调侃的态度，随心所欲地对一个问题进行自由自在的解释，硬将两个毫不沾边的东西捏在一起，以造成一种不和谐、不合情理、出人意料的效果，在这种因果关系的错位和情感与逻辑的矛盾之中，产生幽默的技巧。

4.借语作桥法

英国作家理查德·萨维奇患了一场大病，幸亏医生医术高明，才使他转危为安。但欠下的医药费他却无法付清，最后医生登门催讨。

医生：“你要知道，你是欠了我一条命的，我希望有价报偿。”

“这个明白。”萨维奇说：“为了报答你，我将用我的生命来偿还。”说罢，他给医生递过去两卷本《理查德·萨维奇的一生》。

作家这样说就比向对方表示拒绝或恳求缓期付款要有趣得多。其方法并不复杂，不过是接过对方的词语（生命），然后加以歪解，把“生命”变成“一生”。显然，二者在内涵上并不一致，但在概念上能挂上钩就成。

技法要领：“借语作桥”法是指交谈中，一方从另一方的话语中抓住一个词语，以此为过渡的桥梁，并用它组织成自己的一句对方不愿听的话，反击对方。

作为过渡桥梁要有一个特点，那就是两头相通，且要契合自然，一头与本来的话头相通，另一头与所要引出的意思相通，并以天衣无缝为上。“借语作桥”在于接过话头以后，还要展开你想象的翅膀，敢于往脱离现实的地方想，往荒唐的、虚幻的地方想。千万别死心眼、傻乎乎，越是敢于和善于胡说八道，越是逗人喜爱。

5.推理幽默法

有人请阿凡提去讲道。阿凡提走上讲坛，对大家说：“我要跟你们讲什么，你们知道吗？”

“不，阿凡提，我们不知道。”大伙说。

“跟不知道的人我要说什么呢，还说什么呢？”

阿凡提说完，走下讲坛便离开了。

后来，阿凡提又被请来。他站到讲坛上问：“喂，乡亲们！我要跟你们说什么，你们知道吗？”学乖了的人们马上齐声回答：“知道！”

“你们知道了，我还说什么呢？”阿凡提又走了。

当阿凡提第三次登上讲台，又把上两次的问题重复一遍后，那些自作聪明的人一半高喊：“不知道！”另一半则喊：“知道！”

他们满以为这下可难住阿凡提，哪知道，阿凡提笑了笑说：“那么，让知道的那一半人讲给不知道的另一半人听好了！”说着扬长而去。

阿凡提的过人之处就在于他利用“知道”与“不知道”这两个不具体而虚幻的原因，从而推理出与大家希望完全相反的结果，以不变应万变，不管对方怎么变幻情况，理由也跟着变幻，而行为却一点不变。这就是“推理幽默”法使你在社交中能够超凡脱俗、潇洒自如的妙处。

技法要领：“推理幽默”法是借助片面的、偶然的因素，构成歪曲的推理。它主要是利用对方不稳定的前提或自己假定的前提，来推理引申出某种似是而非的结论和判断。它不是常理逻辑上的必然结果，而是走入歧途的带有偶然性和意外性的结果。

6.指鹿为马法

《史记·秦始皇本纪》记载说：

赵高想造反，害怕群臣不听使唤，因此先设法试验，拿着鹿献给二世，说："这是一匹马。"二世笑着说："丞相弄错了吧，怎么把鹿当作马？"赵高问众大臣，有的大臣不回答，有的说是马谄谀赵高，有的说就是鹿。赵高就把说是鹿的暗记下来，假借名义送法严办。从此以后，大臣们都畏惧赵高。

依当时的情形看，赵高"指鹿为马"，是他为谋权篡位采取的卑劣手段，若站在交际的角度来说，"指鹿为马"则是一种高超的幽默艺术。

某厂，有两个工人在评价他们的厂长。

"厂长看戏怎么总是坐在前排？"

"那叫带领群众。"

"可看电影他怎么又坐中间了？"

"那叫深入群众。"

"来了客人，餐桌上为啥总有我们厂长？"

"那是代表群众。"

"可他天天坐在办公室里，车间里从不见他的身影，又怎么讲！"

“傻瓜，这都不懂，那是相信群众嘛！”

谁都明白这两位工人在心照不宣地指鹿为马，指白说黑地讽刺他们厂长的工作作风。虽然显得名实不符，却有很强的幽默感。这是为什么呢？因为幽默感并不是一种客观的科学的认识，而是一种情感的交流。情感是主观的，不是客观的，情感与科学的理性是矛盾的。科学的生命在于实事求是，而情感则不然，实事求是不一定完全表达情感。幽默的生命常常在名不副实的判断中产生。

技法要领：“指鹿为马”在幽默中就是用双方心照不宣的名不符实，把白的说成黑的，从而产生反差，传达另外一层真正要表示的意思，达到幽默交流的目的。

7.位移真义法

人们总希望自己能言善辩，能够妙语连珠、幽默诙谐地和周围的同事、朋友们交谈。或许，“位移真义”这种巧钻空子的幽默技巧能为你的谈吐增色。

在一次军事考试的面试中，主考的军官问士兵：“一个漆黑的夜晚，你在外面执行任务，有人紧紧地抱住你的双臂，你该说什么？”

“亲爱的，请放开我。”报考者幽默地回答。

乍一看，我们也许会莫名其妙，可等你回过神来，恍然大悟时，一定会忍俊不禁的。“亲爱的，请放开我。”一般是情人间亲昵的用语，军官提问是想知道他的士兵怎样对付敌手，而年轻的士兵则理解或者说故意理解为恋人抱住他双臂时，他该说什么。把原心理重点“怎样对付抱住他双臂的敌手”，巧妙地移到另一个主题——“怎样对付抱住他双臂不放的情人”。这就是我们所说的“位移真义”法。

技法要领：人们说的话，往往字面意义与说话人想表达的意义并不完全一致，我们暂且称它们为表义和真义。将人们说的话的真义弃之不顾，而取其表义，是“位移真义”法的根本技巧。

8.望文生义法

十年动乱中，有位姓张的干部在“批判会”上被诬为“两面派”，谁知老张淡淡一笑，答道：“刚才有人说我是‘两面派’，这使我十分奇怪！请看我的脸：皮肤是这样黑，颧骨是这样高，两颊是这样瘦，鼻梁是这样低，嘴唇却这样厚。双眼无神，两耳招风……”

说着他指着自己的脸，风趣地说：“让革命群众一起评一评吧，如果我还有另一张脸，是什么‘两面派’的话，我会用这张脸吗？”

一句俏皮话，引得听众哈哈大笑。诬陷老张的打手狼狈不堪，老张因而平安通过“批判”会。

老张这番话中，从“两面派”的表面字义来理解，明知故错地把它解释成“有两张面孔的人”，再郑重其事地“摆事实，讲道理”，证明自己并没有两张面孔。由于这一点是众所周知的事实，老张却煞有其事地去论证，刻意费力，显得滑稽可笑，十分幽默。

技法要领：“望文生义”法是一种巧妙的幽默技巧。运用它，一要“望文”，即故作刻板地就字释义；二要“生义”，要使“望文”所生之“义”变异得与这个“文”通常的意义大相径庭，还要把“望文”而生的义，引向一个与原意风马牛不相及的另一个内容上，从而在强烈的不协调中形成幽默感。

◎ 与人见面，称呼要恰当

见到朋友、拜访长辈、或写信、或致辞，首先遇到的问题就是开头怎样称呼对方。这是社会交往的第一个问题。对于抬高的称呼近乎谄媚，对于平淡或叫唤式的称呼没有礼貌，这都会令人不舒服。称呼应该尊重对方，切合身份，有情有实，彬彬有礼。

怎样称呼别人并不是件容易的事。首先要注意，如果是初次见面的人，一定要留心记住他的名字；否则，下次见面时如果叫不出对方的名字，会给对方留下没有被尊重的感觉。

其次，叫错别人的名字比忘记对方的名字更不礼貌。如果第二次见面时实在想不起对方的名字，可以再礼貌地询问他的名字，同时表示歉意。

另外，我们还要根据对方的年龄、身份、职业，以及本人的亲疏关系、交际场合来选择称呼词。这里介绍两类称呼方法：

谦称。谦称自己时，说“鄙人”“在下”等；谦称自己的家属时，可说“家父”“家母”“犬子”“小女”等。

敬称。为表明自己的谦恭和客气，可以用敬称，像“您”“您老”等等。在一般场合，可使用亲属称谓，如“大哥”“大爷”等；但在正式交际场合，则必须按对方的职位、年龄、影响进行称呼。

在英、德等国，人们对头衔非常看重，假如对方有博士学位，在称呼中就一定不能省略。美国人对称呼较为随便，即使是晚辈对长辈也可以直呼其名，但如果与称呼的对方不熟悉，还是称“××先生”“××夫人”。

年轻人之间，为了表示亲热友好，常以“哥们儿”“姐们儿”相称，但这种称呼很随便，有的场合不宜用。

华侨称呼自己的伴侣与我们有所不同。我们喜欢称呼自己的伴侣为“爱人”，而在海外，丈夫被妻子称为“先生”或“外子”，妻子被丈夫称为“太太”或“内人”。在涉外交往中，遵循国际上关于称呼的习惯丝毫马虎不得。

现在，我们在一般场合都称男子为“先生”，未婚女子为“小姐”，已婚女子为“夫人”。对于称呼对象的婚姻状况不明时，应该称“小姐”，不可错称。而在外交场合女性都可以被称为“女士”。

交际中正确使用称呼非常重要，应该使用敬称的时候，切不可掉以轻心，因为这是表示对他人的尊敬，同时也是礼仪的要求。否则，容易伤害对方感情，或者被对方认为缺乏修养、没有礼貌。

热忱、充满敬意的称呼是交际的必备工具。友好的称呼不仅有助于表达友好和欢迎之意，而且还能够消除人际交往中的障碍和隔膜，打开陌生之门。

说话情商

称呼并没有什么统一的模式。不同的地区、不同的民族和不同的语言传统，称呼的习惯可能差异很大；不同的职业、职务、性别、年龄的人，对称呼的需要和期望也不尽一样。在具体称呼时注意做好以下几点：

1.记住对方姓名

姓名不仅是将自己与他人的存在予以区别的标志，而且不少人的名字还凝聚着父母对子女的期望。由于自尊的需要，每个人都会重视和珍爱自己的名字，同时，也希望别人能记住和尊重它。因此，当自己的名字被别人叫到时，就认为自己受到尊重，心理感到愉悦，对称呼自己的人怀有亲切感。古今中外，一些领导人、政治家和企业家对人的这种情绪很了解，与人寒暄时不只说句“您好”，而是在“您好”前面或后面冠以对方名字，这样做起到了很好的心理效应。我们对久别之后仍能一下子叫出自己的名字的人，总是感动万分、钦佩不已就是因为这个。

2.符合年龄身份

称呼必须符合对方的年龄、性别、身份和职业等具体情况。对年长者称呼要热情、谦恭、尊重；对同辈则要态度诚恳，表情自然，亲切友好，体现出你的坦诚；对年轻人要注意慈爱谦和，表达出你的喜爱和关心；对有较高职务或职称者，要称呼其职务或职称。

总之，要讲究礼貌，既表达出你对对方的真诚和尊重，又不卑不亢。切勿使用“喂”“哎”等来称呼人，同时，也应力戒点头哈腰，满嘴恭维话。

3.有礼有节有序

在与多人打招呼时，如果群体中有年长者，也有年轻人或异性在场，就要注意称呼的顺序。一般来讲，应先长后幼，先上后下，先女后男，先生疏后熟识为宜。称呼最能表达说话人的道德修养、知识水平和文明程度，也体现着他的交往技巧。称呼兼顾长幼的差异，会使年长者觉得受了尊重，年轻人也心中坦然；如顺序颠倒，不但会使年长者不满，而且被称呼到的人也会感到窘迫。再者应注意尊重女性，在与一个同样年龄、身份的群体打招呼时，先称呼女性，会使对方感到你有较高的素养，从而乐于与你交往。

需要强调的是，以上各点并不是孤立的，而是彼此制约、密切相关的，它们从不同侧面共同决定着称呼的得体与否以及称呼得体的程度。在日常生活中我们只有依据称呼对象和交往场合等的具体情况，从多方面分析称呼对象的称呼需要，选择得体的称呼语，才能收到最理想的称呼效果。

◎ 寻找话题，引发一场谈话

在与人交谈时，有些人常常挖空心思去想一些很有水平的话，以显露自己的本事。但是，你没有顾及到对方，对方在你的这种示强形势下会怎样呢？他当然是不甘示弱，也会比你更加努力地找一些更加有水平的话。他找出了之后，你又怎么办呢？是不是又要搜索枯肠去寻找很有水平的话呢？这样循环往复，你俩就不是在交谈，而是在斗智。在交谈中，太有水平的话有时会给对方造成压抑，使得交谈难以进行下去。

要进行一次谈话并不是困难的事。陌生人之间一些简短的寒暄就能引发谈话。每个人都可能流于平俗，都可能涉入到那简短的谈话，只谈论一些既缺乏机智又毫无意义的事情。然而这种短暂的交谈对于正式交谈的顺利启动却是必要的。

引发谈话的目的是必须让对方说话，而切忌将谈话引入死胡同。如不能说诸如“今天天气真好”之类的话，而应该问对方“干什么工作”“是哪里人”这样对方必须回答干什么工作，是哪里人，而不会用“是”或“不是”将你打发。

在开始谈话时，要准备经过一个“预热”的阶段。没头没脑地就开始一次意味深长的交谈是不明智的，不要期望一开始就像老朋友见面一样。

短暂的交谈不仅能为你引发一次谈话，而且可以用来为进一步的交谈预热，引导对方为进一步的交谈做好充分的准备。然后在这种交谈中观察别人的兴趣。这正如点篝火，不必期望用一个火把开始，只需有一根小火柴就行了。只要方法得当，这一根小火柴就能让篝火熊熊燃烧……

但要特别注意的是，在交谈的过程中也不要太掉以轻心，成为一位说话高手的艺术并不过多地依赖于你有多么聪明，或者你的经历有多么曲折，而在于善于启发、诱导别人讲话。要想成为出色的说话高手，就一定要避免在谈话中出现以自我为中心的现象。人们往往从始至终只对他们自己、他们的工作、家庭、故乡、理想感兴趣。其实，像“你是做什么工作的”这样一个简单的问题向他人传达了你对他感兴趣的信号，结果必然会使别人也对你感兴趣。

在提出这个简单的问题之前，你只需要在心里给自己提一个问题：“通过交谈我究竟想得到些什么？”是想表现和炫耀自己呢？还是想与别人做成交易，让别人在议定书上签字，并得到他的准许和友善呢？很多人在与人谈话时容易犯的错误就是谈自己感兴趣的事，而不去谈别人感兴趣的事。你谈自己感兴趣的事，虽然自己兴高采烈，但别人不一定会高兴，那你要求别人办事、请别人帮忙，以及你谈话的目的又怎能达到呢？

说话情商

有人说："交谈中要学会没话找话的本领。"所谓"找话"就是"找话题"，找交谈的切入点。就像写文章一样，有了一个好题目，往往会文思泉涌，一挥而就。同样，双方交谈，有了一个好的话题就能使谈话融洽自如。好话题，是初步交谈的媒介，深入细谈的基础，纵情畅谈的开端。好话题的标准是：至少双方对话题比较熟悉，能谈；大家感兴趣，爱谈；有展开探讨的余地，好谈。

那么，怎样去挖掘一个好话题呢？

1.找准兴奋中心

当跟众多的人在一起谈话时，要选择众人都感兴趣的事件为话题，激发起大家交谈的欲望。因为这类话题是大家想谈、爱谈、又能谈的。人人都有话，都能发表自己的观点和看法，自然能使话题进行下去，以至于引起许多人的议论和发言，进而产生共鸣。

2.就地取材

巧妙地借用彼时、彼地、彼人的某些材料为题，借此引发交谈。有人善于借助对方的姓名、籍贯、年龄、服饰、居室等，即兴引出话题，常常能取得好的效果。“即兴引入”法的优点是灵活自然，就地取材，但关键是要思维敏捷，能迅速做出由此及彼的联想。

3.试探询问

与陌生人交谈，先提一些“投石”式的问题，在对对方的年龄、职业、性格、兴趣等略有了解后再进行有目的的深入的交谈，便能谈得更为自如。就好像“投石问路”一样，如在聚会时见到陌生的邻座，便可先“投石”询问：“你和主人是同事还是同学？”无论问话的前半句对，还是后半句对，都可就此展开话题；如果问得都不对，对方回答说是“老乡”，那也找到了可继续谈下去的话题。

4.循趣入题

试探出陌生人的兴趣，由兴趣起始，能顺利引发出话题。如对方喜欢看电影，便以此为话题，谈电影的优劣，讨论故事的情节等。如果你也喜欢看电影，那你们就找到了共同的兴趣，可顺利进入话题；如果平常不怎么看电影，那也正是个学习机会，可静心倾听，适时提问，借此大开眼界。

引发话题的方法很多，诸如“借事生题”法、“即景出题”法、“由情入题”法，等等。可巧妙地从某事、某景、某种情感，引发出一番议论。引发话题，类似“抽线头”“插路标”的做法，重点在引，目的在导，使对方有话可说，诱发对方谈话的兴趣。

5.一见如故

与人交谈时，还要在缩短彼此的距离上下工夫，力求在短时间内了解得更多一些，缩短彼此认识上的距离，力求在感情上融洽起来。只有志同道合了，才能谈得投机。“一见如故”这个成语说的也就是这个意思。与陌生人要做到能谈得投机，就必须在“故”字上做文章，变“生”为“故”，这也有不少方法：

（1）适时切入。看准情势，不要放过应当说话的机会，适时插入交谈，适时的“自我表现”，能让对方充分了解自己。

交谈是双边活动，光了解对方，不让对方了解自己，同样难以深谈。陌生人如能从你“切入”式的谈话中获取教益，双方会更亲近。适时切入，能把你的知识主动有效地献给对方，实际上符合“互补”原则，奠定了“情投意合”的基础。

（2）巧找媒介。寻找自己与陌生人之间的媒介物，以此找出共同语言，缩短双方距离。如见一位陌生人正在看报纸，可从报纸上的一条新闻切入，与对方就这一话题展开讨论。对别人的一切表现出浓厚的兴趣，通过媒介引发他们表露自我，交谈也就能顺利进行。

（3）留有空间。留有谈话的空间以便让对方接口，使对方感到彼此之间的心是相通的，交谈是和谐的，进而缩短二人之间的心理距离。因此，和陌生人的交谈千万不要把话讲完全了，把自己的观点讲死，而应虚怀若谷，欢迎探讨，最好把做结论、归纳的机会留给对方。

◎ 产生误解时积极打圆场

打圆场，是双方因为某种原因产生误解、不快、尴尬或即将引发不必要的争端时，第三者及时出面，把此事向好的、吉祥的、有利的、愉快的方面加以解释，以促进人际关系的和谐，把双方的矛盾“扼杀”在“摇篮”中的一种方式。

当人们因固执己见而争执不休时，造成僵持局面难以缓和的原因往往已不是双方的观点本身，而是彼此的争胜情绪和较劲心理。事实上、对某一问题的看法本身常常并不是一成不变的，随着环境的变化、角度的转移，不同乃至对立的观点都可能是正确的。因此，我们在打圆场时可以抓住这一点，帮助争执双方灵活地分析问题，使他们认识到彼此观点的相对性和兼容性，进而停止无谓的争执。

清末名士陈树屏善于用几句话解开人们的纠纷，人称他“片语解纷”。有一年，在他做江夏知县的时候，清朝著名大臣张之洞在湖北做督抚。张之洞与抚军谭继询关系不太合得来。有一天，陈树屏在黄鹤楼宴请张、谭等人。座客里有个人谈到江面宽窄问题。谭继询说是五里三分，张之洞就故意说是七里三分，双方争持不下，不肯丢自己的面子。

陈树屏知道他们明明是借题发挥，狗扯羊皮说不清楚的。他心里对两个人这样闹很不满，也很看不起，但是又怕使宴会煞风景，扫了众人兴，于是灵机一动，从容不迫地拱拱手，言词谦恭地说：“江面水涨就宽到七里三分，而落潮时便是五里三分。张督抚是指涨潮而言，而抚军大人是指落潮而言。两位大人都没说错，这有何可怀疑的呢？”张、谭两人本来都是信口胡说，听了陈树屏的这个有趣的圆场，自然无话可说了，于是众人一起拍掌大笑，不了了之，停止了“争”。

张、谭两人因江面宽窄而争执不休，致使宴会大煞风景，其实根本上是两人的较劲心理在作怪。为了不使众人扫兴，主人陈树屏抓住“江面宽窄”这一焦点，指出它本来就不是固定不变的常数，只要时令一变，两人的答案就都可能正确。经过这一处理，原来看起来二者必居其一的僵硬问题变得灵活了。张、谭两人都没有说错。既然如此，两人也就顺台阶而下，停止了无谓的争执。

说话情商

生活中的任何事物之间看似风马牛不相及，如果细心体味、挖掘与联想，总能找到内在的联系，营造轻松气氛。

1.桌上三颗钉子——考试板上钉钉

有一次任小姐和几个同事一起去参加省里的业务考试，当她们走进考场时，只见梅小姐的桌子上钉有三颗大钉子，且冒出很高。不难想象，这不仅会刮衣服，同时也会影响答题的速度。

梅小姐一脸的怒气要求监考老师换桌子，可监考老师说：“现在不能换，别违反考场纪律！”梅小姐气得柳眉倒竖，连说：“真倒霉，不考了。”任小姐见了连忙打圆场说：“有几颗钉子算什么！”梅小姐说：“你说得轻松，这可是三颗钉子，躲都躲不过去呢！”任小姐说：“你太幸运了，我还求之不得呢！”梅小姐说：“你别拿我开心了，这么倒霉的事要让你碰上，你还能说幸运？”任小姐说：“你知道这三颗钉子说明了什么吗？这叫板上钉钉！说明你今天的三科考试铁定了都能过关。”梅小姐听后马上转怒为喜：“借你的吉言，我今天要是三科都及格了请你去吃麦当劳。”结果一个月后发布成绩，梅小姐果然三科都顺利过关。

桌上有三颗大钉子本是很恼人的，更何况是参加考试？但任小姐却在梅小姐气恼成怒的时候，用一句百姓常说的“板上钉钉”的俗语与三科考试联系起来，做了积极的联想，解释为“三科铁定了都能及格”，这正中了梅小姐的下怀，岂不皆大欢喜？

2.打车拉过了头——讲课会有突破

有一次，姚丽陪同事王艳打的去市里讲公开课，在车上她们还在不停地研究着怎样才能把课讲好，结果不知不觉车开过了头。王艳又着急又生气，责怪司机没及时提醒她。司机也不示弱说：“多拉了你这么远，我还没管你多要钱呢，你还来责怪我，你自己是干什么的？”姚丽一看他们争吵起来，灵机一动地说：“王艳，你可万别生气，车开过了头这是一个好兆头，这说明你今天的公开课会有突破的。”王艳听后高兴地说：“真的？你咋不早说呢！”司机也为姚丽的机智喝彩说：“还是这位小姐会说话，通情理！”结果不仅平息了一场无谓的争吵，而且使王艳带着好心情讲课，发挥得很好，公开课讲得特别成功，还获了一等奖呢！

车拉过了头，按常理不应该怨司机，可因讲课而着急的王艳却责怪司机，司机岂能容忍？在双方即将接火之际，姚丽机智地由“拉过了头”联想到“突破”的概念，将之解释为“讲课一定会有突破”，既灭了王艳的“火”，让她因为这个好兆头而高兴起来，同时也为司机解了围。

3.做梦牙掉一块——办事打开缺口

李霞和阿云约好了晚上6点在楼下会合，一块去朋友家，她答应托朋友为阿云的女儿找工作。可直到6点10分了还不见阿云来，李霞便打她的手机催她。阿云接话说：“哎呀，我正要给你打电话和你商量呢！昨天晚上我做了个梦，梦见大牙掉了一块。听人说梦见掉牙不吉利，我心想着今天办事肯定不会顺利。咱们是不是改天再去？”李霞一听很生气。她得知阿云的迷信思想根深蒂固，便灵机一动地说：“你可真想错了，这是好梦啊！你梦见牙掉了一块而不是全部，那就叫打开缺口啊！这不正预示着今天的事一定能办成啊！”阿云一听果然高兴地惊叫起来：“哎呀，真的吗？还是你说得对，我信你的！”她俩如约而去，还真应验了，结果事办得十分顺利。

按照习俗、迷信的说法，梦见掉牙确实不吉利。可李霞却细心地抓住“梦见牙掉了一块而不是全部”这个细节，将之巧妙地解释为“打开缺口”，打消了阿云的顾虑，使她欣然如约。至于事办得顺利与否，则是一种偶然的因素。

4.蛋糕盒裂开缝——以后“开心”过

青年教师赵威去为岳父过70岁生日。一位亲戚因故未来，托人送来一盒生日蛋糕。席间，当老岳父乐呵呵地打开蛋糕盒子时，脸色陡然阴沉了下来！快嘴的岳母心里装不住话，大声嚷了起来：“哟，这蛋糕盒子怎么裂开了一道缝？真是的……多不吉利！”欢乐的场面顿时有些凝固。这时，赵威急忙站起来端起一杯酒，笑着说：“爸爸，这可是您老寿星的好兆头啊！这就叫作70岁以后‘开心’过！来，敬您一杯，愿您老今后的日子永远开心快乐！”这一解释，把岳父、岳母全部说“开心”了，大家一块高兴地笑了。

生日蛋糕盒开了缝，本是很偶然的，但在生日宴会这个一年一度的喜庆气氛里，确实是有些“不合时宜”。因为老年人往往比年轻人更讲究兆头。赵威巧妙地根据蛋糕“开心”的情状，顺着“开心”的情状想到了“开心”的生活，把蛋糕裂缝的“开心”转换成了高兴、快乐的“开心”，并融进了自己真诚的祝福，真是聪明而善解人意。

5.怎么是个破货——破旧立新

家在农村的小朱正在举行婚礼。按照家乡风俗，新婚那天，新郎、新娘要入席吃茶用饭，然后分桌敬酒。小朱和新娘在众人簇拥下入席，各位来宾也分别入席，第一盘盛满喜糖和糕点的金色塑料盘，由一个帮忙的伙计端了上来。可是就在伙计把盘子放在餐桌上的时候，只听咔嚓一声脆响，盘子破裂了。宾客们听到刺耳的声音，全部的目光都扫了过来。端盘子的伙计吓了一跳，慌了神，脱口而出："怎么是个破货？"这句话就像一声惊雷，气氛一下子紧张了。小朱见此情景，灵机一动，高声说："破旧立新，移风易俗，我们带了个好头啊！"听了他的话，全场一片欢腾。

打破了装喜糖的盘子本来已经让人们感到震惊和不祥，再加上端盘子伙计的一句话，更让当时的情况雪上加霜。小朱抓住这个"破"字做文章，赋予其"破旧立新"的意义，既激励人们打破陈规陋俗，符合年轻人新婚的场合，又迅速扭转了伙计不合时宜的话语造成的难堪局面，使婚礼得以顺利进行。

从以上五例不难看出，利用汉字中一字多义、一词多义的特点，将原来不吉祥、不中听的话语给以另一种意义的解释，确实是打圆场者应该把握的法宝。

6.从问题或事物的反向去思考

面对一些突如其来的窘境，在当事人无法解释、无力摆脱与无可奈何的时候，第三者往往可以跳出固有的思维定式，从问题、事物或事件的反向去思考，做出让对方欢喜、满意的解释。这也是打圆场辞令中较高层次的方法。

一位中国人去美国探亲，他的姐夫在西雅图开了家餐厅。一天，他正帮大姐洗碗，忽然店堂传来一阵喧闹声。原来，餐厅为招揽生意，每当客人离座时，总要奉送点心一盒，内附精致“口彩卡”一张，上印“吉祥如意”“幸福快乐”等吉利话。眼下店堂里一对新婚夫妇，原是老主顾，昨天他俩满怀喜悦地光顾。这天上午，他们打开点心盒，意外地发现竟没有往常的“口彩卡”。两位信奉上帝的虔诚的基督徒顿感太不吉利了，便来“兴师问罪”。新郎还算克制，只是追究原因，新娘却委屈得快要落泪了。身为招待的外甥女，自知忙中出错，急得张口结舌。大姐不断赔礼道歉，仍无济于事。去探亲的这位弟弟不慌不忙地跨到大姐跟前，微笑着，用不熟练的英语说道：“No news is the best news（没有消息就是最好的消息）。”一句话使新娘破涕为笑，新郎也顿时喜上眉梢，高兴地和他握手拥抱，连连道谢。

这句平息风波的妙语就是反向思考的结果。没有吉利的话，这当然不好，但是否就是绝对的不好呢？反过来想一下，就想到了美国的一句谚语：“没有消息就是最好的消息。”妙语一下子就找到了，而因此引起的麻烦也自然消除了。

7.把事物、事件原来的概念和意义引申

生活中很多情况下的尴尬与僵局都是交际一方无意之间或因不了解对方而造成的，怀有恶意与歹念的情况并不多见。在这种尴尬的情况下，第三者是最合适的打破僵局的人选。如果第三者能根据具体情况将引起尴尬的事物、事件原来的概念、意义引申向别处，则会有效地化解尴尬僵局。

老诗人严阵和青年女作家铁凝等访问美国。有一次他们去参观博物馆，开馆时间未到，他们便在广场上散步。恰巧有两位美国老人在旁休息，看见中国人来，他们很高兴地迎上来交谈，说中国人是他们最为敬仰的。其中一位老人为表达这种崇敬的感情，热烈地拥抱铁凝，并亲吻了一下。铁凝十分尴尬，不知所措。另一位老人抱怨那老人说，中国人不习惯这样。那拥抱过铁凝的老人，像犯了错误似的呆立一旁。严阵走上前去，微笑着说："呵，尊敬的老先生，您刚才吻的不是铁凝，而是中国，对吧？"那老人马上朗声笑道："对，对！我吻的是铁凝，也是中国！两种成分都有。"尴尬气氛在笑声中烟消云散了。

这里，老诗人严阵机智幽默地将美国老人吻铁凝这件事转移引申为"吻了中国"，把铁凝个人这个属概念引申为"中国"这个种概念，这就使当事人双方的紧张情绪得以缓解，从尴尬的气氛中跳了出来。而且，这种引申实际上也抬高了美国老人吻铁凝本身的意义，这种吻象征着一个美国人向开放的中国的致意！

8.把事件加以善意的曲解

在交际活动中，交际的双方或局外人由于彼此不甚了解，常常会做出一些让对方迷惑不解的举动，导致尴尬、紧张场面的出现。为了缓解此种局面，我们可以采用故意曲解的策略，假装不明白尴尬举动的真实含义，而给出有利于局势好转的理解，进而一步步将局面朝有利的方向引导过去。

苏联领导人戈尔巴乔夫偕夫人赖莎访美，在赴白宫出席里根的送别宴会的途中，他突然在闹市下车，和站在路旁的美国行人握手问好。苏联保安人员急忙将汽车扭转回头，冲下车，围上前去，并喝令站在戈尔巴乔夫身旁的美国人赶快把手从裤袋里抽出来（怕他们袋内藏有武器）。行人被搞得不知所措，有人责问这是为什么。站在戈尔巴乔夫身后的赖莎十分机智，赶快打圆场，向被责问的美国人解释说："他们的意思是要你们把手伸出来，跟我丈夫握手。"

这种随机应变、顺水推舟的圆场话真是两全其美，既维护了苏联领导人与美国人的友好感情，也消除了由此带来的尴尬局面。顿时，周围的美国人都伸出手来同戈尔巴乔夫等人握手致意。

在本例的交际场景中，交际的局外人——苏联保安人员出现了，由于他们按照自己的原则行事，以至于破坏了戈尔巴乔夫同美国市民的正常交际活动，使局面窘迫难堪。幸亏戈尔巴乔夫的夫人十分机智，适时地使用了故意曲解的技巧，把保安人员的举动解释为"请美国人握手"。这样，尴尬的局面不但顺利缓解，而且有力地推进了苏联领导人与美国民众的友好感情。

9.换一个角度重新解释

人们在交际中的困境与僵局之所以能使人"困"起来和"僵"起来，就因为当事人自己没能从固有习惯的思维圈子中跳出来。而打圆场者若想成功，就必须跳出原有的思维，把引起发生困境的事物、事件和问题调换一个角度重新向好的方面加以解释，从而使当事人认同这种全新的、吉祥的说法。

牡丹，是中国的传统名花，有“富贵花”之美誉。有一次，著名画家喻仲林开办画展，其中的一幅牡丹被一位老者买去。过了几天，老者忽然打一电话，坚决要求退还此画。他振振有词地说：“你的牡丹图中有一朵牡丹画在纸边上，只剩下半朵了，这叫作‘富贵不全’，我总不能把‘富贵不全’挂在家里呀！”

喻仲林听后，略加思索，故作惊讶地答道：“哦，你把它叫作‘富贵不全’呀，我这里也给它一个画题，叫作‘富贵无边’。”

老者一听，连声称好，再也不提退货的事了。

上例中，老者把画在纸边上的半朵牡丹理解为“富贵不全”，以此来责备画家，未免有一点强辞夺理。然而画家顺着对方的思路，调换了一个角度，却得出了另一种“富贵无边”的解释。可谓想法独特，道理充分，寓意吉祥，终于使有些偏执的老者连连称好，立刻认同并喜欢上这种吉庆的说法。

◎ 失言不可免，关键靠弥补

发生口误导致失言，这是让人感到尴尬的事。失言不但引起误会和不快，还有可能被对方抓住把柄，丧失在交际中的主动地位。

失言虽然不可避免，但是也并没有想象中那么可怕，只要积累经验、掌握技巧，就能够在一定程度上挽回失言所带来的恶劣影响。

在人际交往中，很多时候都免不了会因一时失误而触犯对方的忌讳，令自己处于尴尬的境地。大庭广众，当场无言，这或多或少会给人际交往带来负面影响，如果不及时弥补，将会贻笑大方或者使局面不堪收拾。

在这种境况下，怎样把话说圆滑让自己摆脱尴尬，不仅需要临危不乱的心理素质，更需要机智高超的说话技巧。这是有一定难度的，但也是必须掌握的，因为它能使一时的失误及时得以补救，从而创造良好的人际关系。

说话情商

为了使自己的错误能够及时得以补救，创造良好的人际关系和心境，最要紧的是掌握必要的纠错方法。

1.将错就错

这种方法是指，在错话出口之后，能巧妙地将错话续接下去，最后达到纠错的目的。其高妙之处在于，能够不动声色地改变说话的情境，使听者不由自主地转移原先的思路，不自觉地顺着我的思维而思维。

某次婚宴上，来宾济济，争向新人祝福。一位先生激动地说道："走过了恋爱的季节，就步入了婚姻的漫漫旅途。感情的世界时常需要润滑。你们现在就好比是一对旧机器……"其实他本想说"新机器"，却脱口说错，令举座哗然。一对新人更是不满溢于言表，因为他们都各自离异，历尽波折才成眷属，自然以为刚才之语隐含着讥讽。那位先生发觉出错，马上镇定下来，略一思索，不慌不忙地补充一句："已经过了磨合期。"此言一出，举座称妙。这位先生继而又深情地说道："新郎新娘，祝愿你们永远沐浴在爱的春风里。"大厅内掌声雷动。

这位来宾的将错就错令人叫绝。错话出口，索性顺着错处续接下去，反倒巧妙地改换了语境，使原本尴尬的失语化作了深情的祝福，同时又道出了新人间情感历程的曲折与相知的深厚，颇具点石成金之妙。

2.借题发挥

这种方法是指，错话一经出口，在简单的致歉之后立即转移话题，有意借着错处加以生发，以幽默风趣、机智灵活的话语改变场上的气氛，使听者随之进入新的情境中去。曾有一个新毕业的大学生去某合资公司求职，一位负责接待的先生递过来名片。大学生神情紧张，匆匆一瞥，脱口说道："滕野木石先生，您身为日本人，抛家别舍，来华创业，令人佩服。"那人微微一笑："我姓滕，名野柘，地道的中国人。"大学生面红耳赤，无地自容。片刻后，神志清醒，他诚恳地说道：“对不起，您的名字使我想起了鲁迅先生的日本老师——藤野先生。他教给鲁迅许多为人治学的道理，让鲁迅受益终身。今天我在这里也学到了难忘的一课，那就是‘凡事认真’。希望滕先生日后也能时常指教我。”滕先生面带惊奇，点头微笑。经过认真的考核，最终录用了他。

借题发挥，妙在一个“借”字，重在一个“发挥”上。借什么样的“题”，如何发挥，这是关键之所在。很显然，它并不是不动声色地续接错处，而是有意渲染和凸显错处，借机大作文章，为自己的错话寻找最佳的解释。这位大学生便是借对方的名字有意生发，巧妙地将话题引向了鲁迅的恩师藤野先生，既消除了望文生义将对方误作日本人的尴尬，又语义双关，诚恳地检讨了自己的不认真，同时又不失时机地暗示了愿在该公司效力的愿望，可谓纠错有术，别具新意。

3.曲解翻新

这种方法是指，将一些现成的诗句、成语、俗语、歇后语、名言等有意别解，翻出新意，以掩饰自己言语中的某些疏漏。在这种情况下，说错者不仅容易取得对方的谅解，而且会以幽默诙谐、机智风趣博得对方的好感。

一次聚会上，某人不慎将一冯姓小姐的姓氏误记为“牛”，对方顿感不悦。其人大窘，略一思忖，继而说道：“对不起，这真是冯（风）马牛不相及了！”说得冯小姐扑哧一笑，不由得对他刮目相看。

实际生活中，这种曲解翻新的情况还是较为常见的。这样既显得俏皮，又见出修养。但在曲解翻新时，切忌庸俗浅薄，也忌冗长拖沓，更不可“掉书袋”。

4.及时改口

这种方法最简单，就是对刚刚说出口的错话及时地改口。

一次，美国总统里根访问巴西，由于旅途疲乏年岁又大，在欢迎宴会上，他不由得脱口说道：“女士们，先生们！今天，我为能访问玻利维亚人民而感到非常高兴。”有人低声提醒他说溜了嘴，里根忙改口道：“很抱歉，我们不久前访问过玻利维亚。”尽管当时他并未去玻国，可是，当那些个不明就里的人还来不及反应，他的口误已经淹没在那滔滔的大论之中了。

这种将说错的地点以时间去加以掩饰的方法，在一定程度上起到了避免当面丢丑的作用，不失为补救的有效手段。只是，这里需要的是发现及时、改口巧妙的语言技巧，否则要想化解难堪也是困难的。

5.反向解释

这种方法是指，抓住所说错话中的关键词语，给予另一种不同的解释，或增加或削减原话，使原话的意义陡然改变，以此补救失言。

老舍先生在《茶馆》一剧中，写到常四爷不小心说了句“大清国要完了”的话，被特务宋思子听到，企图抓住把柄罗织罪名。宋思子质问：“刚才你说大清国要完了？”常四爷顿感失言，却辩解说：“我，我爱大清国，怕它完了！”瞧，常四爷对自己的言语失误，其辩解可谓别具一格吧！他只在“完了”这个话语前加上“怕它”二字，就把原来的“恨”转变成“爱”，从而为自己打了个漂亮的圆场。这就是反向解释补救失言艺术的高超之处啊！

6.巧妙复位

这种方法是指，对于在数量、级别等方面发生的口误，可采用一增一减、一升一降的“复位法”，以巧妙诙谐的方式自圆其说。在数量、级别等方面发生口误是非常常见的失言形式，采用“复位法”是应付这一类失言较为有效的方法。例如，在一次颁奖典礼上，主持人甲错把别人的二等奖报成了三等奖，主持人乙为了打圆场，就可以这样对观众说：“刚才甲把人家的二等奖降了一级，现在我看应该升一级，给人家颁发一等奖的奖品，不知大家同意不同意？”在观众的笑声中，被错报者的不快自然就消除了。这就是“复位法”的大致模式。

7.谐音转换

这种方法是指，利用汉语字、词的同音异义或同音多义现象，将“失言”中的关键之字词替代、转换一下，变成另外一种意思。这是一种最便捷的补救失言方法。

荀慧生的京剧《大英杰烈》中有一段对白：

陈秀英：若要成婚配，头先打太原。

关秋兰：干什么要打太原呢？

陈秀英：我要替夫报仇！

关秋兰：啊，替夫？

陈秀英：不是，替父报仇，我父为太原总镇石须龙所害。

剧中陈秀英由于一时气愤说走了嘴，暴露了自己女扮男装的秘密，但她急中生智，利用“夫”与“父”的谐音关系，不动声色地转换了话题。

8.顺水推舟

这种方法是指，一旦失言，不妨顺着所“失”之“言”发挥下去，推出另一种意思来。这种办法往往能化拙为巧。

一位青年到女友家参加未来岳父的60岁寿宴。席间，他把未来岳父的年龄说小了一岁。他发觉后马上又敬了一杯酒，说：“我祝您老过一次生日年轻一岁，越活越年轻！”一席话把老人说得开怀大笑。

这位青年的机智在于，他没有为自己的失言而惊慌失措，而是从容不迫，顺着所失之“言”的意思推导出另外一种与此类似却意义截然不同的说法来。有时不仅能弥补失言造成的尴尬，而且推导发挥得法还能不露痕迹，让人以为你本来就没有失言，本来就这么聪明而有口才！

9.原话重复

有时，一些莫名其妙的口误确实很难采用某种技巧来加以补救，这时还有一个最简单、最诚实的办法，那就是撇开口误，重说一遍。这样做虽然不一定有最好的效果，但这是没有选择的选择，况且修正错误是首要的，对方见你态度诚恳，也会理解和原谅的。

某军校女学员在一次演讲比赛中这样结尾：“总之，我们全队男同胞个个奋勇争先，都是铁骨铮铮的军中‘女丈夫’！”话音未落，她就意识到口误了，怎么办？她没有将错就错，而是认认真真地把结尾重新讲一遍，会场立刻掌声四起，既为她的精彩演讲，也为她勇于改正错误、一丝不苟的态度而喝彩、鼓掌。

10.颠倒语序

这种方法是指，将说错的话的语序颠倒过来，形成另一种解释。一个业余作者向某文学刊物投寄一篇小说。有一天他来编辑部询问，一位编辑开口就问：“这篇小说是你写的——”“吗”字还未出口，他马上意识到失言了，连忙改口道：“我是说，这篇小说是你写你自己的吧！”把“你写”颠倒成“写你”。再加上“你自己”的重读强调，便把刚刚流露的对作者才能的怀疑、轻视的意思轻轻地抹掉了。

CHAPTER 4

冷静含蓄，说话不得罪人的方法

◎ 难以启齿的话含蓄着说

含蓄是一种艺术的表达方式。当我们很想表达一种内心的强烈愿望，但又觉得难以启齿时，不妨借助于“含蓄”。含蓄是一种情趣，一种修养，一种韵味。缺少情趣，缺乏修养，没有味道的人，难有含蓄。

美国《读者文摘》曾刊登过一个《第六枚戒指》的故事：

那是在美国经济大萧条时期，有位17岁的姑娘好不容易找到一份在高级珠宝店当售货员的工作。在圣诞节的前一天，店里来了一位三十岁左右的贫民顾客。他衣着破烂不堪，一脸的悲哀、愤怒。他用一种不可企及的目光，盯着那些高级首饰。姑娘要去接电话，一不小心，把一个碟子碰翻，六枚精美绝伦的钻石戒指落在地上，她慌忙捡起其中的五枚，但第六枚怎么也找不着。

这时，她看到了那个三十岁左右的男子正向门口走去，顿时，她明白了戒指在哪里。当男子的手将要触及门柄时，姑娘柔声叫道：“对不起，先生！”

那男子转过身来，两人相视无言，足足有一分钟。

“什么事？”他问，脸上的肌肉在抽搐。

“什么事？”他再次问道。

“先生，我是头回工作，现在找个事做很难，是不是？”姑娘神色黯然地说。

男子长久地审视着她，终于，一丝柔和的微笑浮现在他脸上。

“是的，的确如此。”他回答说，“但是我能肯定，你在这里会干得不错。”

停了一下，他向前一步，把手伸给她：“我可以为您祝福吗？”

姑娘立刻也伸出手，两只手紧紧地握在一起，她用低低的但十分柔和的声音说：“也祝您好运！”他转过身，慢慢走向门口。

姑娘目送着他的身影消失在门外，转身走向柜台，把手中握着的第六枚戒指放回原处。

这是一起盗窃案，人们对此通常的处理方式不外乎想方设法抓住盗窃者。但是姑娘却没有这样简单处理，而是用一席话彬彬有礼地达到了预想的目的。这种暗示的含蓄方式是值得细细品味的。

要知道，这件事情是发生在美国经济大萧条时期，很多人找不到工作，姑娘的这份工作尤为珍贵。如果被盗走了一枚戒指，其后果不堪设想。

就是抓住了盗窃者夺回戒指，张扬出去，被老板知道个中原委，姑娘也会因工作疏忽而被解雇。何况那是一个落魄者，善良的姑娘也不想因此伤害这个走投无路的可怜人。

“对不起，先生！”姑娘首先用礼貌称呼语，语气适中，不慌不忙地唤住了这位男子。这样既传递了信息，又创造了一个相互尊重、和谐融洽的气氛。如果当时口不择言，或者语气过重的话，可能造成那男子三步并作两步，消失在门外，也许会惊动别的同事，那都不是姑娘所希望的。而且这样的礼貌称呼不仅创造了气氛，无疑还有两层言外之意：一是他有偷盗戒指时的嫌疑；二是你放心，我绝不会用粗暴的方式对待你的。

当那个男子接连问了两个“什么事”时，聪明的姑娘从他的表情以及问话的方式腔调中肯定了自己的判断，也洞察到他微妙的内心世界。她感到眼前这个男子不是那种惯偷，而是好人被穷困所迫的一念之差，很可能会接受自己的处理方式。姑娘决定继续采取含而不露的暗示法：动之以情，晓之以理，来达到目的。

“这是我头回工作”，暗示我也和你一样，千辛万苦找不到工作，现在是头一回工作，咱们“同是天涯沦落人”，应该同病相怜才对，借以引起感情上的共鸣。“现在找个事儿做很难”，意在为前一句话作陪衬，言外之意是如果你把这枚戒指拿走，那我就要失去这份差事，再找工作就很困难了，就像你现在一样。这两句话把自己和那男子感情上的距离拉得很近。末了还用“是不是”这样的是非疑问句，借以引起男子进一步的思考，加强语意力度，扩大暗示效果。

男子传达出愿意归还戒指的信息时，姑娘不失时机地握住他的手，说上一句“也祝您好运”，表达自己由衷的谢意和美好的祝愿，抚慰失意人感情上的失落和内疚。姑娘巧展口才，终于挽回了损失。

说话情商

言有尽而意无穷，余意尽在不言中。在说话中，把重要的、该说的部分故意隐藏起来，或说得不显露，却让人家明白自己的意思的手法，便是含蓄的手法。

含蓄，是一种修辞手法。它是指在讲话时不直陈本意，而是用委婉之词加以烘托或暗示，让人思而得之。而且越揣摩，含义越深越远，因而也就越是有吸引力和感染力。说话含蓄，是一种艺术。之所以说含蓄是说话的艺术，是因为它体现了说话者驾驭语言的技巧，而且也表现了对听众想象力和理解力的信任。

生活中有许多事情是“只需意会，不必言传”的。如果说话者不相信听众丰富的想象力，把所有的意思和盘托出，这种词意浅陋、平淡无味的话语不但不会使人乐，而且会使说话失去魅力。列宁在研究费尔巴哈《宗教本质演讲录》时，摘录了这样一段话：“顺便说说，俏皮的写作手法还在于：它预计到读者也有智慧，它不把一切都说出来，而让读者自己去说出那些一切关系、条件和界限——只有在这些关系、条件和界限都具备时说出来的那句话才是真实的和有意义的。”可见，含蓄主要具有如下三方面的作用：

第一，人们有时在表露某种心事，提出某种要求时，常有种羞怯、为难心理，而含蓄暗示的表达则能解决这个问题。

第二，每个人都有自尊心。对对方自尊心的维护或伤害，常常是影响人际关系好坏的直接原因；而有些表达，如拒绝对方的要求，表达不同于对方的意见，批评对方等，又极容易伤害对方的自尊。这时，含蓄的方式常能取到既能完成表达任务，又能维护对方自尊的目的。

第三，有时在某种情境中，例如碍于第三者在场，有些话就不便说，这时就可用含蓄的方式。

在什么情况下说话要含蓄呢？

1.有些话不便直说时，要含蓄

人们谈起《水浒传》里的鲁智深，便会立即想起他那心直口快的“直炮筒”形象来。其实，即使是最直率的鲁智深，有时也离不开委婉，说话也有含蓄的时候。电视剧《鲁智深》写鲁智深三拳打死镇关西后，为了逃避官家的追捕，只得削发为僧。剧中有这样一段台词：

法师：尽形寿，不近色，汝今能否？

智深：能。

法师：尽形寿，不沾酒，汝今能否？

智深：能。

法师：尽形寿，不杀生，汝今能否？

智深：（犹豫了）

法师：（高声催问）尽形寿，不杀生，汝今能否?

智深：知道了。

要鲁智深不近女人不饮酒，他能做到；要他不惩杀世间的恶人，实在难办。但此时若答“不能”，则法师必不许其剃发为僧，他就无处藏身了，因此来一个灵活应付，回答“知道了”。法师面前过得关，又不违背自己的本意，真是两全其美。

2.有些话不必直说时，要含蓄

从前，有个酒店老板，脾气非常暴躁。一天，有个客人来喝酒，才喝了一口，嘴里便叫：“好酸！好酸！”老板听后大怒，不由分说，把客人绑起来，吊在屋梁上。这时来了另一位顾客，问老板为什么吊人，老板回答：“我店的酒明明香醇甜美，这家伙硬说是酸的，你说该不该吊人？”来客说：“可不可以让我尝尝？”老板殷勤地给他端了一杯酒，客人呷了一口，酸得皱眉眯眼，对老板说：“你放下这个人，把我吊起来吧？”这位客人委婉含蓄的说法，既收到强烈的讽刺效果，又显得非常艺术。

3.为了增强交际的效果，要含蓄

美国有一位传奇式的篮球教练，叫佩迈尔。他带领的迪尔大学篮球队曾获得39次国内比赛的冠军，使球迷们为之倾倒。可是有一年，他的球队在蝉联29次冠军后，遭到一次空前的惨败。比赛一结束，记者们蜂拥而至，把他围个水泄不通，问他这位败军之主此时此刻有何感想。他微笑着，不无幽默地说：“好极了，现在我们可以轻装上阵，全力以赴地去争夺冠军，背上再也没有冠军的包袱了。”

曾两度竞选总统均败在艾森豪威尔手下的史蒂文森，从未失去幽默。在他第一次荣获提名竞选总统时，他承认的确受宠若惊，并打趣说：“我想得意扬扬不会伤害任何人，也就是说，只要不吸入这空气的话。”在他竞选第一次败给艾森豪威尔的那天早晨，他以充满幽默力量的口吻，在门口欢迎记者进来：“进来吧，来给烤面包的验验尸。”几年后的一天，史蒂文森应邀在一次餐会演讲。他在路上因为阅兵行列的经过而耽搁，到达会场时已迟到了。他表示歉意，并解释说：“军队英雄老是挡我的路。”史蒂文森使用含蓄的语言，用一句句轻松、微妙的俏皮话，改变了他在人们心目中的形象，使听众感到他并不是一个失败者，而是赢者，使他在人们心中不可消失，值得纪念。

这便是含蓄的美妙之处。

◎ 留足面子，识破别点破

很多人都会犯一些错误。连古人都曾说：“人非圣贤，孰能无过。”可是有很多人发现别人的错误时会大声指出，就算是一点儿不值一提的小事也会当成大事对别人说，到处宣扬。这样不懂得照顾别人面子的人往往不讨人喜欢，甚至遭到别人的厌烦，受到周围人的孤立。如果不想招人烦的话，就要学会给别人留一点面子，给自己留一条路。

树要皮，人要脸。这说明“脸”在人们的心目中、生活中极为重要。但这里的“脸”，却不是指人们看得见摸得着的那张脸，而是指大家看不见摸不着的“脸面”，即面子。对大多数人来说，面子代表着作为一个人的人格和尊严。给了面子，就是尊重了人格；扫了面子，就是侵犯了尊严。古往今来，人们向来很重视面子问题。在人际交往中，有的事不必弄得太明白，只要大家心知肚明就可以了。俗话说：看透别说透。事情说得太白，反而会伤和气，或显得太无聊。懂得此术，在交际中自然游刃有余。所以，当你发现别人的不对与错误时，要学会不点破，留足面子给对方。

有一位高僧受邀参加素宴。席间，高僧发现在满桌精致的素食中，其中一盘菜里竟然有一块猪肉。高僧的徒弟故意把肉翻到菜面上，打算让宴客的主人看到，没想到高僧立刻用自己的筷子把肉掩盖起来。一会儿，徒弟又把猪肉翻出来，高僧再度把肉遮盖起来，并在徒弟的耳边轻声说：“如果你再把肉翻出来，我就把它吃掉！”于是徒弟再也不敢翻了。

高僧宴后辞别了主人。归途中，徒弟不解地问高僧：“师父，刚才那厨子明明知道我们是不吃荤的，却把猪肉放到素菜中。徒弟只想让主人知道，处罚处罚他！”

高僧轻笑地摇摇头，说：“每个人都会犯错误，无论是有心还是无心。如果让主人看到了菜中的猪肉，盛怒之下他很可能当众惩罚厨师，甚至会把厨师辞掉。这不是我愿意看见的。所以我宁愿把肉吃下去。当然，待人处事固然要‘得理’，但也要学会‘让人’。留一点余地给得罪你的人，不但不会吃亏，反而还会有意想不到的惊喜和感动。”

徒弟听后，大彻大悟，对师父也越发尊敬起来。

说话情商

识破千万不要点破，做到得理饶人，留一点余地给得罪你的人，给对方一个台阶下。不然的话，你不但“消灭”不了这个“敌人”，还会让身边更多的朋友疏远你。

1.给对方一个台阶下

俗话说：得饶人处且饶人。放对方一条生路，给对方一个台阶下，为对方留点面子和立足之地，这样做并不是很难。如果你得理不饶人，让对方走投无路，就有可能激起对方“求生”的意念。而既然是“求生”，就有可能不择手段，不顾后果，很有可能断了你的后路。这样对你自己也没有任何好处。反之，如果放他一条生路，他便不会对你造成伤害。而且对方有可能还会因此对你心存感激。况且这个世界本就很狭小，但变化很大。三十年河东，三十年河西。如果哪一天两人再度相逢，届时若他势强而你势弱，你想他会怎样对你呢？

2.记住：每个人都有自尊

戴尔·卡耐基说："给他人留一个面子！这是一个何等重要的问题！每个人都有自尊，都希望别人凡事都能顾及到自己的面子！然而，我们却很少有人会真正用心地考虑这个问题。我们总喜欢摆自己的臭架子、自以为是、挑剔、威胁，甚至当面指责雇员、妻子或孩子，而没有多考虑几分钟，讲几句关心的话设身处地为他人想一下。果真如此，我们就可以避免许多尴尬的场面了。"

◎ 大多数争执都没有必要

有些人习惯性地与人作对。无论别人说什么，他总要照例反驳。为什么会这样呢？因为他不喜欢听取别人的意见，心中只有自己，而且他自以为比别人高明，事事要占上风。

在日常谈论的十有八九没有绝对是非标准的问题当中，你的意见不一定是对的，而别人的意见也不一定是错的。把双方的总和再行分配，你至多有一半是对的。那么你为什么每次都要反驳别人，要和他争辩呢？

留心我们的周围，争论几乎无处不在。一场电影、一部小说、一个特殊事件，甚至某人的发式与配饰都能引发一场你黑我白的大较量。然而，争论带给我们的结果常常是不愉快的，因为每一方都以对方为“敌”，试图以一己的观念强加于别人而根本不把对方的意见放在眼里。

针对这个问题，美国耶鲁大学的两位教授进行了一项实验。

这两位教授耗费7年时间，调查了种种争论的实态。例如，店员之间的争执，夫妇间的吵架，售货员与顾客间的斗嘴等，甚至还调查了联合国的讨论会。

结果，他俩证明了凡是去攻击对方的人，绝对无法在争论上获胜。

当别人和你谈话时，他根本没有准备请你说教，你若自作聪明，拿出更高超的见解，对方绝不会乐意接受。所以，你不可随便摆出要教导别人的姿态。你的同事向你提出一个意见时，你若不能赞同，至少要表示可以考虑，但不可马上反驳。要是你的朋友和你谈天，你更要注意，太多的执拗会把一切有趣的生活变得乏味。遇上别人真的错了，又不肯接受批评或劝告时，别急于求成，后退一步，把时间延长些，隔一天或两个星期再谈吧！否则大家都固执，不仅没有进展，反而互相伤害感情，造成隔阂了。

许多人因为喜欢表示不同意见，而得罪了同事，所以常常有人说不要轻易表示不同意见。这种看法是很片面的。只要你的办法是正确的，向别人表示自己的不同意见，不但不会得罪人，而且有时还会大受欢迎，使人有“听君一席话，胜读十年书”的快感。

说话情商

罗斯福总统对于他的反对者总是会和颜悦色地说：“亲爱的朋友，妙哉妙哉，你到这里来和我争执这个问题，真是一个妙人！但在这一点上，我们两个的见解自然不同，让我们来讲些别的话题吧！”于是他会施出一种诱惑的手段来，使对方放弃自己的意见，而去接受他的观点。

这确是一个好方法，无论那些成功的人采用什么方式去驾驭别人，我们可以注意到的是，他们的第一步是“避免争论”，他们的策略是以“迎合别人的意志”及“免除反对意见”来感动人的。

当你碰到了任何一种反对意见，你应当先自己打算：“关于这一点，我能不能在无关大局的范围中让步呢？”为使人家顺从你的意见，可尽量表示“小的让步”，有时，为了避免这种反对，甚至还可以将你的主见暂时收回一下。如果你碰到了对于你的主要意见十分反对的人，那么最聪明的方法还是把这问题延缓下去，不必立求解决，这一方面使对方得到重新考虑的机会，一方面使你自己也有重新决策的机会。

如果冲突无法避免，必须迎头碰到的时候，就应设法让反对的人说他要说的话，同时，即使你不赞成他们的意见，也得向他们表示你能够完全了解他们的态度与地位。

从争论中所获得的胜利，没有什么益处，而且又破坏了双方友谊。争论不仅使个人的精神、时间、身体都蒙受了莫大的损失，而最大的最可怕的影响，是会因争辩而发生不合作的现象。社会减少了合作能力，进步自然也有了限制。就是许多国际间的纠纷，以致战争的爆发，不少也是由琐屑事情的争辩所造成的。

喜欢争论的人，表示他自尊自大。避免跟人争论最聪明的方法，就是同意对方的主张，不必管他的意见是如何可笑，如何愚笨，如何浅薄，你用礼貌对答他，你无条件地赞成他的意见，佩服他的见识和聪明。然后你立刻避开他，在不必要的时候，你不要跟他交往。想要获得胜利，唯一的方法是避免争论。你抱着不抵抗主义，让那个向你进攻的人，自动停止他的策略，使你的精神保持着，不耗费于无益的争论中。不但避免普通的争论是可能的，就是避免有目的进攻的争论挑战，也同样有可能。你的心目中只须记住：用爱心解仇，仇可立即解除；以恨止怨，怨必更深。

卡耐基说："你绝对赢不了任何争论。你之所以赢不了，是因为你若输了，你固然是输了，而你若赢了，你还是输了。为什么？假设你胜了对方，把他的观点驳得千疮百孔，并证明他神志不清。然后怎样呢？你觉得好过瘾，可是他又怎么样呢？你已叫他觉得不如你了，你还伤了他的自尊，他会痛恨你的胜利。”

怎样才能有效避免争论呢？大致可以从以下几个方面做起：

1.欢迎不同的意见

当你与别人的意见始终不能统一的时候，这时就要求舍弃其中之一。人的脑力是有限的，有些方面不可能完全想到，因而别人的意见是从另外一个人的角度提出的，总有些可取之处，或者比自己的更好。这时你就应该冷静地思考，或两者互补，或择其善者。如果采取的是别人的意见，就应该衷心感谢对方，因为有可能此意见使你避开了一个重大的错误，甚至奠定了你一生成功的基础。

2.不要相信直觉

每个人都不愿意听到与自己不同的声音。当别人提出与你不同的意见时，你的第一反应是要争辨，为自己的意见进行辩护并竭力去寻找根据，这完全没有必要。这时你要平心静气地、公平谨慎地对待两种观点（包括你自己的），并时刻提防你的直觉（争辩意识）对你做出正确抉择的影响。值得一提的是，有的人脾气不好，听不得反对意见，一听见就会暴躁起来。这时就应控制自己的脾气，让别人陈述观点。不然，就未免气量太小了。

3.耐心把话听完

每次对方提出一个不同的观点，不能只听一点就开始发作了，要让别人有说话的机会。一是尊重对方，二是让自己更多地了解对方的观点，以判断此观点是否可取，努力建立了解的桥梁，使双方都完全知道对方的意思，不要弄巧成拙。否则只会增加彼此沟通的障碍和困难，加深双方的误解。

4.仔细考虑反对者的意见

在听完对方的话后，首先想的就是去找你同意的意见，看是否与你的见解相同。如果对方提出的观点是正确的，则应放弃自己的观点，而考虑采取他们意见。一味地坚持己见，只会使自己处于尴尬境地。

5.真诚对待他人

如果对方的观点是正确的，就应该积极地采纳，并主动指出自己观点的不足和错误的地方。这样做，有助于解除反对者的“武装”，减少他们的防卫，同时也缓和了气氛。

◎ 与人争辩永远不会赢

俗话说“林子大了什么鸟都有”，人在社会中，也不可避免地会接触到各类人群。当你在公众场合，遭遇别人毫不留情的指责或者恶意的人身攻击，招致别人的冷嘲热讽或者是无情质问，有时据理力争不见得就是最好的做法。

有一种人，反应快、口才好、思维敏捷，在生活或工作中和人有利益或意见冲突时，往往能充分发挥辩才，把对方辩得脸红脖子粗、哑口无言。长此以往，这种人就形成了一个习惯：不管自己有理无理，一用到嘴巴，他绝不会认输，而且也不会输，因为他有本事抓你语言上的漏洞，也会转移战场，四处攻击，让你毫无招架之力。虽然你有理，他无理，但你就是拿他没办法。

在辩论会、谈判桌上，这种人也许是人才，但在日常生活和工作场合中，这种人反而会吃亏，因为日常生活和工作场合不是辩论场，也不是会议室和谈判桌，你面对的可能是能力强但口才差，或是能力差口才也差的人。你辩赢了前者，并不表示你的观点就是对的，你辩赢了后者，只会凸显你仅仅是个好辩之徒且没有“心机”罢了。

而一般常见的情形是，人们虽然不敢在言语上和你交锋，但大家都心知肚明，反而会同情“辩”输的那个人。

你的意见并不一定会得到支持，而且别人因为怕和你在言语上交锋，只好尽量回避你，如果你得理不饶人，把对方“赶尽杀绝”，让他没有台阶下，那么你已种下一粒仇恨的种子，这对你来说绝对不是好事。

说话情商

波音人寿保险公司为他们的推销员定了一个规矩：不要争论！完美、有效的推销，不是辩论，也不要类似辩论。因为辩论并不能让人改变想法。

1.与人争论时知道自己想要什么

富兰克林常说：“如果你辩论争强好胜，你或许有时获得胜利，但这种胜利是得不偿失的，因为你永远无法得到对方的好感。”

因此，你要好好考虑一下，你想要什么，是只图一时口才表演式的胜利，还是一个人的长期好感。

有好口才不是坏事，但运用不当则会坏事。因此，你若有好口才，建议你：

（1）把口才用来说明事理，而不是用来与人舌战。不过当有人攻击你时，你应当“自卫”。

（2）有好的口才，也要有好的内涵，否则别人会笑你全身只有舌头最发达。

（3）要驳倒对方，维护自己的意见时，点到为止即可，切莫让对方“无地自容”，换句话说，要给对方台阶下。

（4）别人得罪你时，你虽理直气壮，但也不必把对方骂得狗血淋头。

（5）若自己的观点错误，要勇于认错，并接受对方的观点，切莫用辩论的技巧死命反击，因为黑就是黑，白就是白，强辩只会让人看不起你。

好口才再配上好的心机，这样的人无疑很有影响力。如果空有好口才而不知收敛，带来的损失无疑是巨大的。二十几岁的年轻人不要在嘴上与人争辩，要用行动让人信服。因为把“逞口舌之快”当成一种“快乐”，是做人的悲哀。

2.用行动争而不用言辞争

现实生活中，总有些虚无缥缈的事情很难说明白，与其同人争辩不休，不如直接行动，从中引出一番能为人所领会和接受的道理。再以此类推，把这番道理运用于需要说明的事情中，这样可增加可信度和说服力，从而得到别人的认同。

哥伦布经过了18年的准备后，成功越过大西洋，发现新大陆，伟大的创举震惊全国。哥伦布因为这一划时代的发现，被视为英雄而受到崇敬。但也有那么一些无视事实、否认真理的小人想使哥伦布难堪。在一次为哥伦布庆功的宴会上，有人跳出来发难：“听说你在大西洋的彼岸发现了新大陆，但那有什么了不起？任何人通过航行，都可以像你那样到达大西洋彼岸，并发现新大陆。这是世界上再简单不过的事了，为什么要小题大作呢？”

面对别人的挑衅，哥伦布没有立刻回击，他从容地站起来，从桌上拿起一个鸡蛋，对在场的客人们说：“先生们，这是一个普通的鸡蛋，谁能把它立起来呢？”在座的宾客们一个接一个，试图把鸡蛋立起来，但鸡蛋传了一圈，没有人能成功。这时大家都说，这是不可能的。

于是，哥伦布接过鸡蛋，轻轻地在蛋壳上敲出一个小洞，毫不费力地把鸡蛋立了起来，顿时全场哗然。哥伦布转身对大家说：“这不是世界上最简单的事吗？然而你们却说这是不可能办到的。是的，当人们知道了某件事情该怎么做之后，也许谁都能做到了。”

哥伦布以机敏的思维、简明的实例回击了别人对他的挑衅，这比直接回击挑衅者更有效、更让人信服。

3.一切争辩都能避免

在会议室里，你可以因为不满意一个方案而反复与人争辩，甚至争得面红耳赤，拍桌顿足，因为你把你的意见陈述了以后，还有别的同事可以考虑你的意见。这是关系大众的权益，值得你用全部精力去争取。

可是在私人谈话中，你就千万不可如此了。譬如你昨天和一个朋友争辩了一个下午，你说写一首现代诗应该要押韵，读出来才有音乐的节奏，而你的朋友则反对这个理论。他说和谐的节拍就是诗中的韵律，刻板地押韵，则会损害诗的本质。你们争辩了半天，除了彼此的闷闷不快，还有什么更好的结果呢？争辩是浪费时间。你们各自去写自己喜欢写的诗好了，诗并无一定的形式，各人有各人的见解。

许多事情没有几件是值得我们拿友谊的代价去争辩取胜的。如果你偏偏这样做，等于你的精力和时间都不值一钱，更不要说感情损害方面了。

除了彼此都能虚心并且不存半点成见的在某一个问题上讨论之外，一切的争辩都应该避免，即使这是一个学理的争辩。你可以为学术问题而争辩，足以表示你治学的精神。譬如哲学，有些理论争了2000余年，至今还没有定论，心理学的争辩也至少有几百年，现在仍然不分高下，甚至自然科学，“生物发生说”的论争，至今无人敢肯定说那一派正确。你有什么比这些更大的题目，更高深的学问根底，和更长的时间作口头上的争辩呢？你可以著书立说发挥你的主张，但不可在谈话中争辩。

如果你能常常尊重别人的意见，你的意见也必被人尊重，如此，你所主张的，就会得到别人的赞同，不必把精力花在无益的争辩上。

你可以实现你的主张，你可以左右别人的计划，但不是用争辩的方法来获取。

如果你想借某一问题增加你的学识，你就应该虚心求教，切不可借助“争辩”。

◎ 恰到好处的批评是甜的

批评是能使人更加成熟和完美的良方，是使人成功的阶梯。从批评中可以认识到自己的缺点、错误，从而修正自己的言行、思想，慢慢形成自己正确的处世方法和对待生活的态度。若视别人的批评为对自己的讽刺、打击，一听就如坐针毡、暴跳如雷，则无论如何也是无法进步的了。

俗话说：“良药苦口利于病，忠言逆耳利于行。”可是到了现实生活中却不完全是那么回事了。几乎人人都爱听赞美之词，不愿意听批评之语。究其原因，主要是因为人们不懂批评的方法，不善于把握批评的艺术。

批评之所以被人拒绝，一般出于两种原因：其一是批评者不了解当事人的处境和造成错误的原因，使当事者感到委屈；其二是批评者采用了权威性的立场，暗示当事人行为的“笨拙”或“愚昧”，引起了当事者的反感。

行动失误、办了错事的人，常有防卫自我尊严的倾向。如果有人再以权威者的姿态出现，指责他的做法不够高明、行为欠考虑，他的尊严将更感觉受到威胁。这时防卫倾向会更增强，充耳不闻乃是极自然的反应。

批评人时，切忌只顾自己一味发脾气，得理不让人。如不讲究批评的方法和艺术，其结果与初衷只会适得其反。

一次，李主任怒气冲冲地走进办公室，啪的一声将一份报告摔在秘书小王的桌上，办公室里的几个人同时都愣住了。

李主任以为这是个惩一儆百的好机会，接着大吼道：“你看看，干了这么多年，竟写出这样空洞无物的报告，送到总经理手中，一定会以为我们都难以胜任工作！以后，脑子里多装点工作，上班时间精神振作一点。”说完，他一甩手走了，把小王晾在那儿，尴尬异常。

过后，李主任满以为办公室的工作效率会提高。可事与愿违，大家都躲着他，布置工作，不是说没时间，就是说手头有要紧事，李主任这才品出一点滋味，意识到此举不明智。

说话情商

批评讲究艺术，既能达到批评的目的，又不至于伤害每个人都拥有的自尊心，批评若能做到“良药不苦口”，才算是真正做到家了，以下几条原则是批评艺术的集中表现：

1.批评要态度鲜明，忌含糊

在决定批评内容前，先要知道自己的批评是针对哪一种行为表现的。确定了这一点，才不至于把话说得含含糊糊，也会使对方觉得你是在推卸责任地批评他。

批评切忌表达含糊不清。有的人因担心被人视为尖酸刻薄，用一些很委婉的语言来表达批评，如将“喜欢斗殴”说成“为赢得论点及吸引注意力诉诸体力手段”；将“说谎”说成“难于区分幻想与实际”；将“作弊”说成“有待进一步学习公平竞争的规则”。这样说，虽让人听得不那么刺耳，但失去了批评的语气，显得像是在调侃，而达不到预期的效果。

2.使用旁敲侧击法，效果会更好

不直接批评对方，而用打比方、举例子的办法提醒对方，促使对方解除疑虑或恐惧，提高认识、改正缺点。

有时，无声的行为更甚于有声的批评。例如有一个大老板开办了许多大商店。他每天都要到商店去看看。一天他发现一个顾客在柜台前等着买东西。谁都没注意到他。售货员站在柜台的另一边正在聊天。这时，这个大老板没说一句话，只是自己站到柜台后面，给顾客拿了要买的东西。他的这种行动便是对售货员的无声批评。

3.批评的重点不在错误

一般的批评，只是把重点放在对方的“错误”上，却并不指明对方应如何去纠正，因此收不到积极的效果。积极的批评，应在批评时，提出建设性意见，以利对方改正。被批评者也会更加认识到你批评得很有道理，心悦诚服。

4.设身处地替对方想一想

设身处地有两种方法：一种是让被批评者站在批评者的角度，让他想一想：“如果你是我，你想想，我出了这样的错，你批评不批评？”让他换个位置来认识自己的过错。二是让批评者站在被批评者的角度，假如我是他，我对自己的过失是否已经有了很深刻的认识，甚至会主动检讨而不希望被人严厉呵斥？

双方均为对方设身处地的想一想，在做出批评与接受批评方面就容易协调起来了。批评者也就能视对方过错认识程度的深浅而把握批评的分寸。

5.批评要注意场合

某些批评本来是公正有理的，在一些情况下可能效果不错，但如果选的时间、地点不对，效果却截然相反。比如某人常常在同事面前被老板批评，他一定会感到羞辱窘迫，甚至是不满、愤怒。事后他最先想到的是同事们会有什么看法和想法，而不会注意到老板批评的内容。这样批评不但没有效果，反而会让他产生其他想法。所以，如果你希望自己的批评取得更大的效果，就应该注意说话的时间、地点，该一对一批评的就不能有第三者在场。当着不相干的第三者或众人的面直接批评某人，不仅使被批评者沮丧或气恼，还可能会使在场的每个人都感到尴尬，觉得你有点自以为是，放肆，从而与你在心理上产生疏远感，等于是批评一个，得罪一群人。

6.批评口气要尽量委婉

被质问会给人产生一种不信任感，会把对方逼到敌对、自卫的死角。

被训斥会让人觉得低人一等、被藐视，感觉人格上受到污辱，会使对方感到很压抑、反感。

口气温和、委婉，会使对方心理上产生内疚感，从而愉快地接受批评。批评时，态度要诚恳，语气要温和。得体的语调、表情或其他的身体语言，可以避免彼此意见沟通时的敌意。

以上几种批评的方法若运用得合理恰当，能给批评方和被批评方都带来较好的结果，反之不但会伤了和气，还有可能造成不必要的误解和分歧。批评的目的是为了问题的解决，因而批评方式是为批评目的服务的。只有批评方式恰当而合理，别人才会欣然接受，这样的说话方式别人才最爱听。

◎ 不在背后议论评价别人

中国有句俗话：“宁在人前骂人，不在人后说人。”这个意思就是说，别人有缺点有不足之处，你可以当面指出，令他改正，但是千万别当面不说，背后说个没完，这样的人不仅会令被说者讨厌，同样也会令听者讨厌。

背后说人坏话的人并非少数，有一句话叫作：“谁人背后无人说，谁人背后不说人。”这话虽然说得有些绝对，却也说明了一个道理，那就是大多数人都在背后说过别人，只是所说的是好话还是坏话，就无从考证了。

不过有一点，经常在背后说别人坏话的人，肯定不会是受欢迎的人。因为凡是有点头脑的人，都会自然而然地这么想：“这次你在我面前说别人的坏话，下次你就有可能在别人面前说我的坏话。”这样一来，你在别人的印象中就不可能好到哪里去。

说话情商

在日常生活中，常常会遇到别人在你面前说另一个人的坏话，对此，你就得端正态度，用辩证的思维去考虑这种事。因为说对方坏话的人，总是有着各种各样的原因，充分分析讲话者的心理及原因，对端正自身大有益处。当别人对你说第三者的坏话时，无论你是否明白其中的原因，你都必须保证做到一点，那就是“入耳封存”，同时还得充分了解对方，如果发现对方是无缘无故，只是天生有背后说第三者坏话的习惯，那么你就得注意，在以后的应酬中有意识地疏远他。

当你当着对方把第三者说得一无是处的时候，你自己的形象在对方的心目中也同样已经一无是处了。所以我们在日常应酬中，尤其应该注意，尽可能地不在交谈对象面前说第三者的坏话。如果别人有什么缺点，你可以寻找适当的机会当面向他提出，背后议论别人的方法绝不可取。

1.不直接说人不对

你可以用眼色、语调或手势代替语言示意某人的不对。如果你直接说他不对，你想他能同意吗？绝对不会，因为你说话时就已经伤了他的自尊心。

这样做，他可能要报复你，但他绝不会改变自己的见解。你可以用柏拉图和康德的所有逻辑观点来说服他，但未必能使他改变主张，因为你伤了他的感情。

任何时候都不要以“我来给你证实一下”这样的话开头，这样不好。这实际上等于说“我比你聪明。我跟你一说准能让你改变自己的观点”，这是一种挑衅行为，它能使对方在你刚同他谈话时就反对你的意见。

即使在最有利的情况下你也难以改变别人的主张。何必自找难堪呢？如果你想论证些什么，你就要尽量使人不知道你的意图。说得巧妙点，不要让对方发觉你在试图说服他。

假如某人提出一个主张，你认为不对或确信是错误的，你可以这样对他说：“我不同意你的意见，但我的看法可能也是错误的，我是经常犯错误的。如果我哪里说得不对，请你给予纠正，咱们共同分析一下。”这是很有魔力的话。任何人任何时候都不会反对这种说法。

倘若你勇于承认自己难免犯错误，就永远不会陷入窘境，也会使对方像你一样开诚布公，促使他承认自己也难免犯错误。

2.当别人议论时你不要多嘴

对别人在你面前说另一个人的坏话的行为，你应该端正态度，认真考虑这种事。因为说他人坏话的人，总是有着各种各样的原因，充分地分析讲话者的心理及原因，对做到端正自身大有益处。

有两个好朋友因为职位的调动而闹得彼此极不愉快。两个人虽然平时见面还都装着一副无所谓的样子，但是一旦分开，就会向对方发起“攻击”，将对方的“坏”处添油加醋地讲出来。身为朋友，你当然成了他们发泄对对方不满的汇集点。当甲对你说乙的坏话时，你应尽可能地保持沉默，在适当的时候加进一两句劝导的话，不对乙加任何评语；当乙对你说甲的坏话时，你同样不要对甲加任何评语，在适当的时候对乙劝导几句。无论是甲说的还是乙说的，都让所有的话到你这里截止，再不外传。一段时间过后，当甲乙二人都冷静下来时，回想起他们在你面前所说的那些话，他们肯定自己都觉得不好意思。这样处理不会使他们之间的矛盾进一步激化，好朋友终究还会是好朋友。

如果换一种情形，你对他们一意奉承，在甲面前附和着说乙不好，在乙面前附和着说甲坏话，那么结果可想而知，二人或者因此断交，或者和好之后，与你断交。

从这件事可以总结出一个经验，那就是当别人对你说第三者的坏话时，无论你是否明白其中的原因，你都必须保证做到一点，那就是“入耳封存”，同时还得充分了解对方，如果发现对方只是天生有背后说第三者坏话的习惯，那么你就得注意，在以后的应酬中有意识地疏远他。

3.有意见当面去说

在别人背后议论他人的好坏是对人际关系危害最为严重的一种行为。朋友、同事之间不要互相议论，若对某个人有意见就可以约个时间，或找个机会当面告诉他，指出你对他不满意的地方。这样对方不但不会生气，还会因此感谢你，人际关系也会和谐融洽。

下面介绍的这个旅美学者的经历对我们认识这个问题或许有些帮助：

“我在美国和俄国时，从来没有人在我面前说第三个人的坏话，我自己倒有时会犯这个毛病，在一个人面前对不在场的某个人说三道四。后来有个俄国人告诉我：‘在我们这个地方，与一个人一起议论另一个人是不道德的。’我从那以后就把这个坏毛病彻底改掉了。”

背后议论他人，对人际关系极具破坏力，而人际关系的好坏对我们每个人的发展都有着极其重要的影响。所以，要清楚地认识这个问题，避免它发生在自己身上。

CHAPTER 5

不急不躁，说话把握分寸的绝招

◎ 话到嘴边留半句，只说该说的

尽管说话要求有一说一，有二说二，无须曲里拐弯地云山雾海一番，但在与人交往时，为了避免伤害他人，为了更好地赞美他人或是为了得到别人的帮助时，必须将要表达之意寓于其他话语中，而不能做所谓的“直肠子”，快人快语，结果把事情搞砸。

有一次，林肯在某个报纸编辑大会上发言，指出自己不是一个编辑，所以他出席这次会议是很不相称的。为了说明他最好不出席这次会议的理由，他给大家讲了一个小故事：

有一次，我在森林中遇到了一个骑马的妇女，我停下来让路，可是她也停了下来，目不转睛地盯着我的面孔看。

她说：“我现在才相信你是我见到过的最丑的人！”

我说：“你大概讲对了，但是我又有什么办法呢？”

她说：“当然你生下来就这副丑相是没有办法改变的，但你还是可以待在家里不要出来嘛！”

大家为林肯幽默的自嘲而哑然失笑。

林肯巧妙地运用了自嘲来表达自己的拒绝意图。既没让人难堪，还使人在愉快的氛围中领悟到林肯的意图。

有时候为了避免直言相告，还可巧妙地寻找借口来为自己解围或是保全他人的面子。

舞会上别人邀请你，你内心实在不想跟他跳，可以说“我累了，想休息一下”，既达到谢绝目的，又不伤别人的自尊心。

别人与你相约同去参加某一活动，但届时你忘记了，或过后生悔，未去赴约。直接说出原因，将会影响别人对自己的信任，也是对他人的不尊重。一般情况下，失约的原因可能有身体不适、家中有事、客人来访等，你可挑选较合情理的一种，作为事后的解释。

但是并不是所有的人都能控制自己的情绪，只说该说的，把不该说的那半句留住。

因此，世界上的麻烦有一半是因为说话不当造成的，另一半是愚蠢所致。说话不当的危害跟愚蠢是一样的。说话不当者未必都是愚蠢的人，但的确做了一件愚蠢的事。

说话情商

话到嘴边，应该留下哪“半句”呢？

1.隐私或秘密不可轻易泄露

这两样东西，将暴露自己的意图和弱点。对方也许是朋友不是敌人，不过就怕他竟然是敌人或受敌人利用。

偶有一些人，“心底无私天地宽”，敢说就敢做，敢做就敢当，没有什么隐私，也不怕受损，“事无不可对人言”。这种人都是遍体鳞伤的英雄，十个人中大概有九个不敢自认是这种人，也没有“打落牙齿和血吞”的心理准备，所以话到嘴边，留下这要命的半句是非常有必要的。

2.留住自以为是的见解

人们都是根据有限信息进行思考并形成想法，在信息残缺不全时，会形成偏见。加上感情倾向与情绪作用，会使自己的见解偏得更厉害。正如索罗斯说：“我们对世界的所有认知都有缺陷，因为我们无法透过没有折射作用的棱镜看待这个世界。”

虽然每个人的想法都带有偏见，但掌握信息较多、比较理智、能有效克服情绪的人往往意见更正确，至少更令人信服。因为在一些人中，大家的见解都超不过他的见解。你看那些经验丰富的领导人，当别人进行热烈的讨论时，他却坐在那里一言不发。等别人把想说的话都说完了，他再发表意见，一开口就语惊四座，让大家都觉得自愧不如。其实，他在保持沉默时，并非没有想法，只不过能隐忍不言而已。当他听完所有人的讨论后，掌握的信息已经比别人多了，在此基础上形成的想法，自然胜过所有人。

3.避免对别人不恰当的批评和指责

所谓不恰当，有多种含义：如果你看错了对象，误会了人家，批评和指责无疑是不恰当的。假如对方确有挨批的理由，是否批他，还得看风向。

比如，你这样做，是否对他确有帮助？是否会加深误会激化矛盾？另外，如果对方已经意识到了自己的错误，并有改正的倾向，就没有必要批评他了。

当你确定批评他是必须而且有用的，点到为止即可，把多余的废话还是得咽回去。你也许有幸挨过一些领导的批评，那些被你认为是有涵养的领导，总是羞答答地说那么一句半句，好像很难为情似的，你这么大的人了，真不方便说你。正因为这样，给你的印象反而特别深刻。

4.不发毫无价值的牢骚

毛泽东同志曾告诫那些革命意志不坚定的同志，尤其是知识分子：牢骚太盛防肠断。生活本来就是不如意的事要占很大比例，你到哪里去找一个圆满的世界？已经吃到肚子里的东西，无论米谷糟糠，总是要自行消化的，岂能吐出来让别人心情难受？抱怨通常没有价值，只有一种例外：你想让某人知道你的想法，却不便当面说，想让眼前这个喜欢多嘴饶舌的人带话过去。

5.抛弃不着边际的废话

为说话而说话，把东家的长西家的短都搬出来当谈资，讲完了也不知道自己到底说了什么，这无疑是废话。那又何必要说？又何必说太多？

◎ 一言可以生祸，一语可以致福

古人告诉我们这样一个经验，在与人交往的时候，要谨防祸从口出。“讲错话”常常会给我们带来很多不必要的麻烦，如何掌握分寸就成了人际沟通中不可忽视的一环。有许多性子直的人喜欢向周围的人倾吐苦水。虽然这样的交谈富有人情味，能使你们关系变得友善，但是有研究调查指出，只有不到 1％的人能够严守秘密。所以，当你发生危机或别人发生什么危机时，你最好不要到处诉苦或讨论是非，不要把周围人的“友善”和“友谊”混为一谈，以免话传话，造成很多不必要的麻烦。

说话是一门艺术，不掌握技巧，没有分寸，就会惹来不必要的麻烦，不仅伤害自己，也会困扰周围的人。相反，如果掌握了一定的原则，就会福从口入。西方有位哲人说过：“世间有一种成就可以使人很快完成伟业，并获得世人的认可，那就是讲话令人喜悦的能力。”可见，掌握语言的技巧是多么的重要。通观古今中外，凡是有作为的人，都把语言表达作为必备的修养之一，如古罗马共和国末期的政治家西塞罗就是一个雄辩家，还有我们敬爱的周恩来总理、美国总统林肯等。毫不夸张地说，一个人只有掌握了语言的技巧，才可以在与人打交道的时候占尽先机，达到自己的目的。

有一位很优秀的食品推销员，他是一个会说话的人。

一般的推销员都是用“我们又生产出一些新产品”来开始自己的销售谈话，但他意识到这样做效果并不好。于是，他对顾客说：“如果有一笔生意能为你带来1200元利润，你感兴趣吗？”

“我当然感兴趣了，你说吧！”

“今年秋天，香料和食品罐头的价格最起码上涨20%。我已经算好了，今年你能售出多少香料和食品罐头，我告诉你……”

然后，他就把一些数据写了下来。

我们可以看到，这个食品推销员掌握了一些与人交谈的技巧，从对方感兴趣的角度开始谈话。从这个小故事可以看出语言的技巧是何等重要，如果以“我们又生产出一些新产品”为立足点，可能就做不成这笔生意。

说话既能给你带来机遇和好处，也会给你带来不利和祸端。这就要求我们在平时说话时把握好分寸，嘴上把好门，说好该说的，不说不应该说的，掌控说话的秘籍，开启左右逢源的人生之路。

说话情商

说话要有分寸，分寸拿捏得好，很普通的一句话，也会平添几许分量；话少又精到，给人感觉深思熟虑。而说话的分寸取决于与你谈话的对象、话题和语境等诸多因素。总之，说话要言之有度。

有度的反面则是“失度”，什么叫作“失度”呢？对人出言不逊，或当着众人面揭人短处，或该说的没说，不该说的却都说了。这些都是“失度”的表现。

下面简要介绍一些在谈话中禁忌的话题，接触这些话题容易导致谈话“失度”，产生不良效果。

1.随意询问健康状况

向初次见面或者还不相熟的人询问健康问题，会让人觉得你很唐突。当然，如果是和十分亲密的人交谈，这种情况不在此列。

2.谈论有争议性的话题

除非很清楚对方立场，否则应避免谈到具有争论性的敏感话题，如宗教、政治等易引起双方抬杠或对立僵持的话题。

3.谈话涉及他人的隐私

涉及别人隐私的话题不要轻易接触，这里包括年龄、东西的价钱、薪酬等，容易引起他人反感。

4.个人的不幸

不要和同事提起他人所遭受的伤害。例如，他人离婚了或是家人去世等。当然，若是对方主动提起，则要表现出同情并听他诉说，但不要为了满足自己的好奇心而追问不休。

除上述要注重的几点外，说话还要注意不夸大其词，不断章取义。讲话尽量真诚，要有善意，尽量不说刻薄挖苦别人的话，不说刺激伤害别人的话。

◎ 少说绝话，多留余地

留余地包含两方面的意思：一方面，给别人留余地，无论在什么情况下，也不要把别人推向绝路，万不可逼人于死地，迫使对方做出极端的反抗，这样一来，事情的结果对彼此都没有好处；另一方面，给自己留余地，让自己行不至于绝处，言不至于极端，有进有退，以便日后更能机动灵活地处理事情，解决复杂多变的问题。

说话办事万不可使某一事物沿着某一固定方向发展到极端，而应在发展过程中充分认识，冷静判断各种可能发生的事情，以便有足够的条件和回旋余地采取机动的应付措施。

某报社的主编交给新来的记者王心一个重要的采访任务，同时，主编告诉他："这件采访工作在实施时存在一定的困难……"正当主编要详细地向他介绍一下时，王心却拍着胸脯说："没有问题，包您满意。"三天以后，没有听到任何动静，主编便问他采访进展得怎么样？进度如何？他才不得说："不像想象的那么简单。"

虽然主编也知道这个采访不会很轻松，但对王心当时轻易地拍胸脯表态却大有反感，从而对他这个人的能力也产生了怀疑。

生活中有很多事情我们无法预料它的发展态势，有的也不了解事情的发生背景，切不可轻易地下断言，不留余地，使自己一点回旋都没有。

有次，赵刚与同事之间有了点摩擦，很不愉快，便对同事说："从今天起，我们断绝所有关系，彼此毫无瓜葛……"这话说完还不到两个月，这位同事成了他的上司，赵刚因讲过过重的话很尴尬，只好辞职，另谋他就。

因把话讲得太满，而给自己造成窘迫的例子到处可见。把话说得太满，就像把杯子倒满了水一样，再也滴不进一滴水，否则就会溢出来。打满了气的气球，再充就要爆炸。

凡事总会有意外，留有余地，就是为了容纳这些"意外"。杯子留有空间，就不会因为加进其他液体而溢出来；气球留有空间便不会爆炸；人说话留有余地，便不会因为"意外"的出现而下不了台，做事留有余地从而可以从容转身。

我们可以见到一些政府官员在面对记者采访时偏爱用一些模糊语言，如：可能、尽量、研究、或许、评估、征询各方面意见……他们之所以运用这些字眼，就是想为自己留有余地。否则一下把话说死了，结果是事与愿违，那该多难堪呀！

说话情商

人情留一线，日后好见面。生活中很多尴尬是由自己一手造成的，其中有一些就是因为话说得太绝。凡事多些考虑，留有余地，总能给自己留条后路。这在外交辞令中是很常见的。每个外交部发言人都不会说绝对的话，要么是“可能，也许”，要么是含糊其辞，以便一旦有变故，可以有回旋余地。话不说绝对是一个人老练成熟的标准。

自以为是的人容易把话说满。总觉得自己的见解没有错，根本不容分辩，于是马上盖棺定论，不留余地。可是，要知道杯子留有空间，是为了轻轻晃动时不会把液体溢出来；气球留有空间，是为了不会因轻微的挤压而爆炸；人说话留有空间，是为了防止“例外”发生而让自己下不了台。

1.说话说到位

人与人之间沟通，懂得如何说话、说些什么话、怎么把话说到对方心坎里，这些都是很重要的地方。嘴上功夫看似雕虫小技，却有可能因此扭转你的一生。

西汉初年，汉高祖刘邦打败项羽，平定天下之后，开始论功行赏。这可是攸关后代子孙的万年基业，群臣自然当仁不让，彼此争功，吵了一年多还吵不完。汉高祖刘邦认为萧何功劳最大，就封萧何为侯，封地也最多。但群臣心中不服，私底下议论纷纷。

封爵受禄的事情好不容易尘埃落定，众臣对席位的高低先后又群起争议，许多人都说：“平阳侯曹参身受七十处伤，而且率兵攻城略地，屡战屡胜，功劳最多，应当排他第一。”

刘邦在封赏时已经偏袒萧何，委屈了一些功臣，所以在席位上难以再坚持己见，但在他心中，还是想将萧何排在首位。这时候，关内侯鄂君已揣测出刘邦的心意，于是就顺水推舟，自告奋勇地上前说道：“大家的评议都错了，曹参虽然有战功，但都只是一时之功。皇上与楚霸王对抗五年，时常丢掉部队，四处逃避，萧何却常常从关中派员填补战线上的漏洞。楚、汉在荥阳对抗好几年，军中缺粮，也都是萧何辗转运送粮食到关中，粮饷才不至于匮乏。再说，皇上有好几次避走山东，都是靠萧何保全关中，才能顺利接济皇上的，这些才是万世之功。如今即使少了一百个曹参，对汉朝有什么影响？我们汉朝也不必靠他来保全啊？你们又凭什么认为一时之功高过万世之功呢？所以，我主张萧何第一，曹参居次。”

这番话正中刘邦的下怀，刘邦听了，自然高兴无比，连连称好，于是下令萧何排在首位，可以带剑上殿，上朝时也不必急行。而鄂君因此也被加封为“安平侯”，得到的封地多了将近一倍。他凭着自己察言观色的本领，能言善道，舌灿莲花，享尽了一生荣华富贵。

说话，要懂得什么时候说什么话；说了，还要为自己说过的话负责。一个人如果不是真材实料，如果没有真知灼见，从他嘴里吐出来的话也许能一时吸引他人，却不能一世蒙蔽他人。

2.话要说得圆润

当我们为了某个目的与他人谈话时，话就要说得圆润一些，话说得太直，会激恼对方，即便是理在己方。说得圆润一点，能给我们留下一定的回旋余地，从容地达到我们谈话的目的。

某家宾馆的服务员，发现客人马先生在结账后仍然住在房间，而这位马先生又是经理的亲戚，怎么办呢？如果直接去问马先生何时起程，就显得不礼貌，但如果不问，又怕马先生赖账。于是一位善于谈话的公关部小姐敲开了马先生的房门，“您好！您是马先生吗？”“是啊！您是？”马先生回答说。“我是公关部的，您来几天了，我们还没有来得及来看您，真是不好意思。听说您前几天身上不舒服，现在好点了吗？”“谢谢您的关心，好多了。”“听说您昨天已经结账，今天没有走成，这几天，天气不好，是不是飞机取消了？您看我们能为做点什么！”“非常感谢！昨晚结账是因为我的表哥今天要返回，我不想账积得太多，先结一次也好，大夫说，我的病还需要观察一段时间。”“马先生，您不要客气，有什么事只管吩咐好了。”“谢谢！有事我一定找你们。”

这位公关小姐去找客人谈话，目的是要弄清楚，到底是走还是不走？如果不走，就能清楚原因。但这个问题不好开口，弄不好既得罪客人又得罪经理。她的话说的非常圆润，先是寒暄一下然后又问客人需要什么样的帮助，一副非常关心的表情，而使客人深受感动，不知不觉中就说明了原因。她的话语技巧就很高超，回旋的余地很大。

人们常说“话不要说满，事不要做绝”当然是有道理的。事情做绝，不留余地，不给别人机会，不宽容别人，处理事情下狠手都是不理智的行为。无论矛盾有多深，最好都不要说出“势不两立”之类的话，否则日后万一有合作的机会，一定左右为难、进退两难。

◎ 开玩笑避开别人的痛处

开玩笑是我们最常用的活跃气氛的方式，一个小小的玩笑常常能拉进彼此间的距离。但玩笑不可随意开，运用不好，反而会伤害双方的感情。

在与他人谈话时，要避开他人的忌讳，尤其是面对有生理缺陷的人，就要避开戳到他人痛处的话题，否则就会引起别人的反感，有的甚至招来怨恨。

小马先天秃头。一天，大家在一起聊天，得知小马的发明专利申请获得通过，小陆快嘴说道：“你小子，真有你的，真是‘热闹的马路不长草，聪明的脑袋不长毛’。”说得大家哄堂大笑，小马的脸顿时红了起来。

开玩笑的人动机大多是良好的，但如果不把握好分寸、尺度，就会产生一些不良的后果，正所谓“言者无心，闻者足戒”。因此掌握说话艺术需要我们在生活中多观察、多总结，避开别人的痛处，只有这样，才能够准确恰当地与他人沟通。

生活中，夫妻双方发生争执是很正常的事，但有的人口不择言，喜欢揭对方短处或对方丑处，甚至当众让对方出洋相，让对方无地自容，从中获得快感，以降服对方。比如丈夫对妻子说：“女人嘛，做得好不如嫁得好。你不但不‘会做’，就是会做，若不是嫁给我，你今天能活得这么滋润、这么尊贵吗？”或者对对方说：“别以为你拿了大本文凭就有什么了不起的，蒙得了别人，蒙不了我，不就是拿钱买来的吗？”“我那位啊，在别人面前人模人样，在家里我让他学鸡叫就学鸡叫，我让他学狗爬就学狗爬，熊样！”这样的话太伤人自尊心，但偏有人十分喜欢说，意在取得更优越的地位。

最容易戳到对方痛处的时候，是安慰别人的时候。别人正在痛苦之中，如果在安慰时不注意，揭了人家的疮疤，那可真是火上浇油。

比如一个人失恋了，伤心不已。这时最合适的安慰方法是和失恋者一起谈一些快乐的事，让他（她）在交流过程中慢慢消减痛苦。而应避开一些敏感话题，比如不分青红皂白，故作高深地来一句：“我早就看出他（她）不是好东西。”“他（她）这是存心骗你，当初说爱你的那些话都是假的。”“你不知道他

（她）是在利用你啊？”使失恋者伤心之余，又多了一份窝囊和寒心。

说话情商

开玩笑要注意以下九点事项：

1.滑稽的动作不可重复

假如平时不爱言笑的人，突然在大家面前表演翻跟头，并且头上起了个大包，大家会不由得纵声大笑。但是倘若该人一再地表演同样的动作，笑声不但会消失，甚至会使人产生怜悯之心，以为他的脚有毛病。

2.不可有反常的举动

不是机智型的人，却以机智的方式说话，乃是一种反常的举动，令人感到厌烦。

3.说笑话不可勉强

玩笑话的目的在于活跃气氛，具有刺激作用，有如乐章的前奏曲和戏剧的序幕，与主题的发展有密切的关系。因此，不论笑话本身多有趣，绝不可说与话题无关的笑话。

4.选择合适的笑话

有位大使意外受了伤，一位到大使馆采访的新闻记者遇见了大使夫人，说：“大使夫人真像日本人。”若是早知道大使夫人是日本人，这句话当然甚觉好笑，否则推敲半天，也不会觉得这句话有什么可笑。

5.不说肯定的话

“这是非常有趣的笑话，你们大家一定会感到好笑的。”像这样事先讲明的话，效果就大为减弱了。

6.自己不可先笑

自己讲而自己先笑了，可以断定是性情很好或容易满足的人。事实上讲笑话的要领是讲的人自己不笑，这样才能使听者觉得倍加可笑。

7.独创性的笑话

众所周知的玩笑话，只要改变角度，曲折一点，也就变得新鲜有趣了。将旧歌唱成特殊的调子，不但使年老者大笑，经过解释以后甚至可以引起年轻人的共鸣。

8.不讲讽刺的话

带有讽刺性的话，是令人反感的，至于含恨的攻击性笑话，更应避免。有时也许会因为某人的失策而觉得相当好笑，但是应该同时提及他的优点，这样才能算是个有涵养的人。

9.使人快乐的幽默感

说话不仅要注意方式方法，更应该具有使人快乐的幽默感。幽默的意义不在滑稽的表现，而是发挥人性的温暖，展露理性的笑容，使听众有如看完小丑影片后产生的喜悦感。此外，幽默也代表你乐观开朗的个性，并不是刻意装饰伪善的动作。

◎ 敢说“不”，巧说“不”

业务员的销售技巧里有这么一招：从一开始就让顾客回答“是”，在回答几个肯定的问题之后，你再提出购买要求就比较容易成功。同理，当你一开始对自己说“我做不到”，或“我不行”的时候，自己就陷入了否定自我的危机，然后就会因拒绝任何的挑战而失去信心。

当然，我们必须努力去做一个绝不说“不”的人。可是，当遇到别人不合理的请求时，我们是否也要委曲求全答应对方呢？这个时候，你千万不要因为不能说“不”而轻易地答应任何事情，应该视自己能力所及的范围，尽可能不要明明做不到却不说。结果既造成了对方的困扰，又失去了别人对你的信任。

三十岁出头就当上了20世纪福斯电影公司董事长的雪莉·茜，是好莱坞第一位管理大制片公司的女士。为什么她有如此能耐呢？主要原因是，她言出必行，办事果断，经常是在握手言谈之间就拍板定案了。

好莱坞经理人欧文·保罗·拉札谈到雪莉时说，与她一起工作过的人，都非常地敬佩她。欧文表示，每当她请雪莉看一个电影脚本时，她总是马上就看，很快就给答复。不过好莱坞的其他艺人，让他们看个脚本就不这样了。若是他们不喜欢的话，根本就不回话，让你傻等。

一般人都是以沉默来回答，明明有想法却不说。但是雪莉看了给她送去的脚本，都会有一个明确的回答。即使是她不愿意接演这部戏，也还是把对方当成朋友来对待。所以，多年以来，好莱坞作家最喜欢的明星就是她。

当你拒绝对方的请求时，切记不要咬牙切齿、绷着一张脸，而应该带着友善的表情来说“不”，才不会伤了彼此的和气。除了对别人该说“不”时就说“不”，同时对自己也要勇敢地说“不”。

美国电话及电报公司的创办者塞奥德·维尔，经历过无数次失败之后，才学会了说“不”。

维尔年轻时，无论做什么事都缺乏计划，常常失败。他的父母对他感到失望，他自己也陷入了绝望之中。

20岁那年，他离家外出独自谋生，给自己写了一封信告诫自己：“熬夜赌博或者酗酒，这些事是年轻人不该做的，我决定戒除。但是对这样的决定我应该说什么呢？是不是还照旧说‘只这一次，下不为例’还是‘从此绝不’了？以前已经反复过好几次了。”

当时，维尔最大的理想是买珍贵的皮衣及玛瑙戒指，虽然这不能说是太大的奢望，但对他来说是很难办到的。于是，他无时无刻不在克制自己，以求事事三思而后行。这种坚决的克制态度，使得他由默默无闻的小职员调升到铁路公司的总经理。

他向别人说“不”的同时，也要向自己说“不”，尤其是创立电话电报这样巨大组织的时候，他时时刻刻地说“不”。正因为这样，他才能避免因一时冲动的手段而误了大事。

拒绝别人不是一件什么罪大恶极的事情，也不要把说“不”当成是要与人决裂。是否把“不”说出口，应该是在衡量了自己的能力之后，做出的明确的回应。虽然说“不”难免会让对方生气，但与其答应了对方却做不到，还不如表明自己拒绝的原因，相信对方也会体谅你的立场。

说话情商

拒绝是一门学问，稳妥的拒绝既消除了自己的尴尬，又不让对方无台阶可下，这就需要采取适当的方式。

1.巧妙转移法

不好正面拒绝时，可以采取迂回的战术，转移话题也好，另找理由也好，主要是善于利用语气的转折——没有答应，但也不至于撕破脸皮。比如，先向对方表示同情，或给予赞美，然后再提出理由加以拒绝。由于先前对方在心理上已因为你的同情而对你产生好感，所以对于你的拒绝也能以“可以谅解”的态度接受。

比如，有些人认为当别人邀请你参加聚会时，是不应该拒绝的，如果拒绝的话，就太没有礼貌了。事实上，这并非一种没有礼貌的行为。如果你不想参加的话，不妨这样说：“真谢谢你的邀请。不过，碰巧我有重要事待办，没有参加的机会了，真是遗憾。请代我向大家问好。”如此拒绝是得体的。这个时候，你如果这样说：“我最讨厌聚会了，因此我不想参加。”这将令人感觉到不快。因此，你最好不要太直接地去拒绝对方。

2.幽默回绝法

例如，汤姆很友善地向汉斯打招呼。“你怎么了？好像很没精神呀！”“是呀，最近为了还债到处筹钱，搞得身心疲惫，晚上烦恼得睡不着觉！你能不能帮帮忙呀？”“当然好啊！明天我就带给你我家的特效安眠药。”

幽默拒绝是希望对方知难而退。例如，有人想让庄子去做官，庄子并未直接拒绝，而是打了一个比方，说：“你看到太庙里被当作供品的牛马吗？当它尚未被宰杀时，披着华丽的布料、吃着最好的饲料，的确风光，但一到了太庙，被宰杀成为牺牲品，再想自由自在地生活，可能吗？”庄子虽没有正面回答，但一个很贴切的比喻已经回答了，让他去做官是不可能的。

3.敷衍拒绝法

敷衍式的拒绝是最常用的一种拒绝方法，敷衍是在不便明言回绝的情况下，含糊回绝请托人。敷衍是一种艺术，运用好了会取得良好的效果。如有一次庄子向监河侯借贷。监河侯敷衍他，说道：“好！再过一段时间，等我去收租，收齐了，就借你三百两金子。”监河侯的敷衍很有水平，不说不借，也不说马上借，而是说过一段时间收租后再借。这话有几层意思：一是我目前没有，现在不能借给你；二是我也不是富人；三是过一段时间不是确指，到时借不借再说。庄子听后已经很明白了，但他不会怨恨什么，因为监河侯并没有拒绝，只是说过一段时间，还是有希望的。

4.回避主要问题法

通过回避主要问题，而将话题引向细枝末节，这样的回绝是很高明的。

为了加薪的问题，员工代表使出了眼泪战术，向老板哀求说："老板，请你一定要帮帮忙，现在这点薪水我实在无法和我太太继续在一起生活下去了！"

老板回答说："好吧！那么我会出面来说服你太太不要跟你离婚。"

5.一拖再拖法

如果已经承诺的事，还一拖再拖是不明智的。这里的一拖再拖法指的是暂不给予答复，也就是说，在对方提出要求后你迟迟没有答应，只是一再表示要研究研究或考虑考虑，那么聪明的对方马上就能了解你是不太愿意答应的。

总之，委婉拒绝不仅是一种策略，也是一门艺术。委婉地说话，正是待人诚挚的表现。二十几岁的年轻人，应当有这种文明意识，掌握这一有利于人际交往的语言表达方式。

◎ 不该说话时一句也不多说

不少人将“三缄其口”作为处世的座右铭。那些成功的人，说话就会注意方式、把握分寸感，不管在什么场合都是落落大方，说话的时候说得很充分，不该说的时候一句话也不说。

有的人口齿伶俐，在交际场合口若悬河，滔滔不绝，这固然是不少人所向往的。但如果在人多的地方，口无遮拦，说错了话，说漏了嘴，也是很难补救的。所以在人多的场合少讲话，适时保持沉默。

过去心理学家常常认为我们应该把自己的事情讲出来，告诉别人，但现在人们逐渐发现与别人交往中有时更需要忍耐和沉默。

你必须认识到沉默与精心选择的词具有同样的表现力，就好像休止符与音乐符一样重要。沉默会产生更完美的和谐，更强烈的效果。在商业或私人交际中，无言也许是最好的选择之一。

一个印刷业主得知另一家公司打算购买他的一台旧印刷机，他感到非常高兴。经过仔细核算，他决定以250万美元的价格出售，并想好了理由。

当他坐下来谈判时，内心深处仿佛有个声音在说：“沉住气。”终于，买主按捺不住，开始滔滔不绝地对机器进行褒贬。

卖主依然一言不发。这时买主说：“我们可以付您350万美元，一个子儿也不能多给了。”不到一个小时，买卖成交了。

说话情商

在日常交往中，沉默往往会给你带来益处。在某些场合，沉默不语可以避免失言。许多人在缺乏自信或极力表现得礼貌时，可能会不假思索地说出不恰当的话而给自己带来麻烦。

有时候说话不经思考，即使言者无心，也会产生严重后果。一天深夜，哈罗德回家时误入隔壁邻居家，他非常窘迫，便自我解嘲地说：“我好像听见里面在庆贺什么。”房间里顿时出现了一片尴尬的沉默。事后，哈罗德的妻子告诉他，邻居家的主妇刚刚小产。哈罗德说：“现在，即使是情况万分紧急，我也要静思慎言。”

1.沉默不会使人后悔

适时地保持沉默不仅是一种智慧，而且也有实际的好处。常言道：“沉默不会使人后悔。”一位女士的经验证明了这一点，她说：当我们第一个孩子出世时，我丈夫由于工作繁忙，对我和孩子疏远了，这样几周以后，我感到筋疲力尽，并想大发雷霆。一天我给他写了封充满怒气的信，然而不知为什么我没把信给他。第二天，丈夫提出要给婴儿换尿布，并且说：“我想我现在应该学会这些事了。”

“尽管我不知道他为什么会改变想法，但还是非常高兴地把信撕了，并暗自庆幸我给了他时间。一场争吵就这样避免了。此后，他一直对我很好。”

有张有弛的谈话在人际交往中至为重要。《谈话的艺术》的作者、心理教授格瑞德罗解释说：“沉默可以调节说话和听讲的节奏。沉默在谈话中的作用就相当于零在数学中的作用。尽管是‘零’，却很关键。没有沉默，一切交流都无法进行。”

2.言多必失

任何事物，不管是多么复杂的现象，多么深奥的思想，只需抓住它的核心，就相当于找到了一把钥匙，只要抓到它，就能提纲挈领，一通百通，在与人交往过程中，将会收到“画龙点睛”的效果。古语说：兵不在多而在精。说话也应以“精”为好。

《墨子闲话》中记下这样一个故事：子禽有一次问他的老师墨子：“多言有好处吗？”墨子回答说：“青蛙日夜都在叫，弄得口干舌倦，却不为人们所爱听。而晨鸡黎明按时啼，天下不都被叫醒了！多言有什么好处？”事实正是如此。

隋朝时贺若弼任大将军，但他常常为自己的官位比他人低而怨声不断，自认为当个宰相也是应该的。不久，还不如他的杨素做了尚书右仆射，而他仍为将军，未被提拔，他气不打一处来，不满的情绪和怨言便时常流露出来。

后来一些话传到了皇帝耳朵里，贺若弼被逮捕下狱。隋文帝杨坚责备他说：“你这个人有三太猛：嫉妒心太猛；自以为是、自以为别人不是的心太猛；随口胡说目无长官的心太猛。”因为他有功，不久也就放了。他还不吸取教训，又对其他人夸耀他和皇太子之间的关系，说："皇太子杨勇跟我之间，情谊亲切，连高度的机密，也都对我附耳相告，言无不尽。"

后来杨勇在隋文帝那里失势，杨广取而代之为皇太子，贺若弼的处境可想而知。

隋文帝得知他又在那里大放厥词，就把他召来说："我用高颖、杨素为宰相，你多次在众人面前放肆地说'这两个人只会吃饭，什么也不会干'，这是什么意思？言外之意是我这个皇帝也是废物不成？"贺若弼回答说："高颖是我的老朋友，杨素是我舅舅的儿子，我了解他们，我也确实说过他们不适合担当宰相的话。"这时因他言语不慎，得罪了不少人，朝中一些公卿大臣怕受株连，都揭发他过去说的那些对朝廷不满的话，并声称他罪当处死。

隋文帝对贺若弼说："大臣们对你都十分厌烦，要求严格执行法度，你自己寻思可有活命的道理？"贺若弼辩解说："我曾凭陛下神威，率八千兵马渡长江活捉了陈叔宝，希望能看在过去功劳的分上，给我留条活命吧！"隋文帝说："你将出征陈国时，对高颖说：'陈叔宝被削平，问题是我们这些功臣会不会飞鸟尽良弓藏？'高颖对你说：'我向你保证，皇上绝对不会这样。'是吧？等到消灭了陈叔宝，你就要求当内史，又要求当仆射。这一切功劳过去我已格外重赏了，何必再提呢？"贺若弼说："我确实蒙受陛下格外的重赏，今天还希望格外的赏我活命。”此时他再也不攻击别人。隋文帝考虑了一些日子，念他劳苦功高，只将他贬职为民。

贺若弼因言多而坏事，所以要忍那些不该讲的话，以免招致不必要的祸端。

3.沉默是金

古代印度有一位国王要考考他的一位大臣是否聪明。他给这位大臣高矮、大小、胖瘦、色泽全同的三个小金人，叫他辨明三“人”的各自特点。这大臣苦思冥想，心无旁骛，也不知所以。叫下边人看，个个搔首语塞。一个年轻人听说了，自告奋勇来辨认。他凝思片刻，要了三根草棍。他将第一根从小人左耳通入，从口中出来；将第二根通入小人右耳，从另一耳出来；将第三根通入小人之耳，草棍伸入肚中。然后他说：第一个“人”的嘴浅，听到什么便说出去，不受人欢迎；第二个“人”心不在焉，听了什么这耳进那耳出，他始终生活平庸；第三个“人”深沉，谨慎，听进什么藏在心中，不轻易表现自己，所以他容易成功。年轻人话音未落，满座为之叫绝。

这“三个小金人”的故事表明应该谨慎说话。

祸从口出而使人身败名裂，福自心生而使人添色增光。有时说话的人并无恶意，但对听者而言，却可能是伤及他的恶语。说话应谨慎，只说该说的话，不该说的话一句也不多说。

◎ 诚实未必好，谎言未必坏

诚实是一种美德，撒谎的不是好孩子。从小我们就被家长和老师这样一遍遍教育着。但现实并不是这样，我们应该了解到社会是一个复杂体，诚实并不时时通用，有时我们需要说些谎话。谎言也并不全是恶意，有时它的动机反而是善良。

世界如此复杂，有时需要说假话，这样既能避免直言不讳造成的尴尬，也求得别人办事。有这么多好处，何乐而不为呢？

虽然很多时候我们应该以诚待人，应该说真话，这是没有疑问的，但有时也有必要说点“谎话”。这一点人们已有一些认识。不过，通常人们都认为只在某些很特别的情况下才需要不说真话，不道实情。例如，某人患了不治之症，知道这一情况的亲友多不以实情相告。其实，在一般的交际活动中也常有说假话产生好的效果的时候，而且“说谎”的方式也是多种多样的，不必只拘泥于直接而简单地说上一句骗人的话。

说话情商

在下面这些情况下可以用一些必要的小谎言，这样会取得更好的效果：

1.能产生良好交际效果的谎言有时是以装糊涂的形式出现的

这种装糊涂的言辞有时能避免或解除尴尬。在同一场合，说大实话倒会带来相反的效果。

生活中，我们常常会碰到这样的场面：到朋友家做客时，主人热情地给客人夹菜，恰恰是客人不喜欢吃的菜。这时，客人不外乎有两种态度：一种是接受主人盛情，一边道谢一边违心地说“好吃好吃”，结果，一句谎话却让自己很难堪。如果这种态度不改，那就难免要做一辈子难堪的客人。要是主人知道了原委，是要后悔一辈子的。这窝囊的谎言，既苦了自己又伤了别人，值得吗？另一种态度，便是巧妙地拒绝。先说一句：“别客气，我自己来！”再补充一句：“这个菜我挺喜欢吃，就是胃受不了！”这巧妙的谎言，既不伤主人的面子，又避免了活受罪，岂不两全其美！

2.在某个时候说谎，能使本来很有距离的双方达到某种“共识”，从而使进一步的交流成为可能

有位先生和朋友去拜访一位教授，教授为人严肃，平时不苟言笑。坐了半天，除了开头说了几句应酬话，剩下的只是让人尴尬的沉默。

忽然，那位先生看到教授家养的热带鱼，其中几条色彩斑斓，游起来让人眼花缭乱。那位先生知道这鱼叫“地图”，自己也养了几条，还很得意地为朋友介绍过。教授见那位先生神情专注，就笑着问：“还可以吧？才买的，见过吗？”就听那位先生说：“还真没见过。叫什么名字？明儿我也打算养几条呢！”当时他的朋友不解地看看他，心想装什么糊涂，不是上星期才到我

家看过吗？

可教授一听，来了兴致，神采飞扬，大谈了一通养鱼经，那位先生听得频频点头。教授像是遇到了知音，如数家珍地给他讲每条鱼的来历、名称、特征，又拉着他到书房看他收集的各类名贵热带鱼的照片，气氛顿时活跃起来。他们一直聊到吃过晚饭才走，朋友才突然领悟到那位先生说谎话的用意。

一句谎话使教授前后判若两人，本来几乎陷入僵局的交谈又顺利地进行下去了，这都归功于一句谎话。若据实相告，那很可能就会继续“尴尬”下去的。

3.有时候对家人也应撒点谎

一位身患重病的母亲，为了支持儿子上学，竟然把买药治病的钱给儿子交了学费。一次，当她带儿子到商店给儿子买圆规掏钱时，不慎带出了一张药单。儿子看见后，再也不肯让母亲买圆规。可那位母亲为了使儿子能安心努力读书，便谎称药单是用过了的。

听了这位母亲的一番谎话，你难道能不动情吗？这位母亲的谎言，不仅充满了母爱、更可敬。因为，这谎言中孕育了伟大的母爱，表现的是一种最可贵的爱子之心。

4.对病人也需要谎言

有个男孩刚做了复明手术，心情很不平静，就一个人摸索着来到了医院后院，坐在一棵大树下。他心情激动地期盼着将要看到的五彩世界，但又担心手术不成功。这时，一片树叶飘到了他的头上，他拿到手里，自言自语地说：“这是枫叶，还是……”“是枫叶。”一个低沉的声音传过来，接着一双大手摸到了他的脸上。“小朋友，几岁啦？”“10岁。”“你眼睛不好？”“啊，从小就有毛病。叔叔，你说这世界美吗？”

“美啊！你看，这天空是蓝色的，远处的山雄伟挺立。在咱们对面有一泓清水，水面上浮着粉红的荷花、碧绿的荷叶。这四周绿树成荫。嘿！那边不知是谁在放风筝。你听，这树上的小鸟在叫，你听见了吧？”

“我听见了。”男孩的脑海中出现了一幅幅美丽动人的画面。蓦地，他抓住那个人的手问道：“叔叔，我的眼睛能治好吗？”“能，一定能，孩子，只要你认真配合医生治疗，就会好的。”“真的？”“真的！”后来，大家经常在后院看到他们两个坐在一起聊天。

过了一段时间，男孩终于拆了线，他看到了光明。他想起了后院的伙伴，便跑向了后院。

他朝后院里一看，愣住了。原来，这里什么也没有，有的只是一堵墙壁和一棵老树。在冷风中坐着一个中年人，他戴着一副墨镜，身边放着一根导盲棒。中年人捧着一片枫树叶，在低低地说着什么。

在现实生活中，当你不得不撒谎时，一定要注意，自己所说的谎言要不容置疑，这样才能以假乱真，巧中取胜。否则，会弄巧成拙。

CHAPTER 6

心平气和，应对语言暴力的智慧

◎ 尖刻的问题轻松回答

这个世界上，总是会有一部分人去刁难另外一部分人，而你作为一个人，必然要面对这些场面。这时候，就是展现你的说话能力的时候。一方面，你要合体地应对，圆满地回答对方的问题；另一方面，你还要注意言辞，不给对方留下可乘之机。这样回答的难度可想而知。不过，要想使你的社交活动成功，你就要想方设法达到这个目标。

不管你是要回答记者们带试探性的问题，还是面对怒不可遏的顾客、心怀不满的雇员或者是爱寻根问底的竞争者提出的尖刻的问题，只要肯于动脑，你总会找到办法回答的。

沃尔特·列士敦刚刚宣布自己从市银行总裁的岗位上退下来，就有记者向他发问："如果保尔·伏尔克辞职的话，联邦储备银行的职位会使你感兴趣吗？"

列士敦："没有人这样问过我。"

记者："现在我就想这样问你。"

列士敦："过去教过我的一位历史学教授曾告诫我，绝对不要回答那些虚拟的问题。"

只用了精心挑选的寥寥数语，列士敦就得体、幽默又不无权威地对一个可能令人窘迫的问题做出了回答。诸如此类的巧妙应答当然不是容易做到的，即使是知名度很高，又有丰富经验的领袖人物，也往往因为遇到特别棘手的问题而茫然不知所对。

说话情商

有经验的交谈者在接到对方的提问后，能立即思考并选择出一个最佳的回答方案。回答对方提问时，头脑要冷静，不能被提问者所控制，对于提问能答即答，不愿回答的可以想办法回避。

丘吉尔遇到过这样一件事：有一次，丘吉尔的政治对手阿斯特夫人对他说："丘吉尔，如果你是我丈夫，我会把毒药放进你的咖啡里。"丘吉尔微笑着回答说："夫人，如果我是你丈夫，我就会把那杯咖啡喝下去！"对丘吉尔的这个回答，阿斯特夫人无言可说。可见回答得巧妙，不仅使自己占据主动，还能驳斥对方的错误言行。

回答提问有以下9种方法：

1.扣题回答

这是常用的回答方式。答话如果没有针对性，轻则给人留下不好的印象，重则影响交往。所以，听人说话时要精力集中，回答要有针对性。例如，亨利在26岁时担任了福特汽车公司的总负责人。当时的公司每月亏损900万美元，亨利上台后通过一系列的创新和变革，一举扭转了公司的被动局面。当然在他试验的过程中，也做错过一些事情，有人问他，如果让他从头做起的话，会是个什么样子。亨利回答说：“我看不会有什么非同寻常的作为。人们都是在错误和失败中学成功的，因此，要我从头再来的话，我只能犯一些不同的错误。”亨利的一番回答，并没有脱离问话人的原意，答案既是事实，也体现了他谦虚的品格。

2.借题回答

巧妙地利用对方的问话，在回答提问时能收到良好的效果。如果依照和借用问话中的语气和词句，用一种出人意料的应答方法来回答，则是应付问话较理想的办法。1972年，基辛格随同尼克松访问莫斯科，途中在维也纳就美苏首脑会谈问题举行了一次记者招待会。这时，《纽约时报》记者提出一个所谓“程序问题”问道：“到时，你是打算点点滴滴地宣布呢，还是来个倾盆大雨，成批地发表协定呢？”从不放过任何有利机会讥讽《纽约时报》的基辛格，一板一眼地说：“我明白了，这位记者先生要我们在倾盆大雨和点点滴滴之间任选一种。这很困难，无论怎样，都是很糟糕的。这样吧，我们打算点点滴滴地发表成批声明。”基辛格的回答借鉴了那位记者的问题，既出人意料又在情理之中。

3.设定回答

对方的提问，有时可能模糊、荒诞甚至愚蠢，以至于我们很难回答。这时，我们可以分析清楚，用设定条件的方法进行回答。杜罗夫是俄国著名丑角马戏演员，有一个不礼貌的观众在他演出休息的工夫来到后台问他：“丑角先生，观众对你非常欢迎吗？”“还好。”杜罗夫谦虚地回答。“是不是说要在马戏团中受到欢迎，丑角必须有一张愚蠢而丑怪的脸蛋呢？”这名观众不知趣地又问。“确实如此。”杜罗夫说，“如果我能生一张像您这样的脸蛋的话，准能拿双工资。”这位无知的观众没有占到半点便宜，反而被杜罗夫戏弄了一顿，只好灰溜溜地回到自己的座位上去了。

4.颠倒回答

回答提问时，如果将对方的语序颠倒一下，就可能成为一个与原来问句的意义截然不同的句式，如果用得好，十分有效。门采尔是19世纪德国著名的画家，他的画深受人们的喜爱，书店里只要出售他的画，马上就一抢而空，从来没有留着画到第二天出售的情况。有一次，门采尔的一个同行对他诉苦说：“我真不知道这是怎么一回事，我画一幅画只需要一天的时间，可是，卖掉这幅画，却要等上整整一年，这是为什么呢？”门采尔说：“亲爱的，据我看来，您要颠倒一下就好了。假若您用整整一年时间去画一幅画，那么在一天里，画准会卖出去的。”

5.幽默回答

一些提问如果不好直接作答，但又不能避而不答，可以用幽默回答。王光英当初赴香港创办光大实业公司时，一下飞机就遇到香港记者提出的棘手问题：“你带来多少钱？”王光英见对方是个女记者，急中生智地说：“对女士不能问岁数，对男士不能问钱数。小姐，你说对吗？”随机应变的一句妙答，既达到目的，又有幽默感，比支支吾吾或哼哼叽叽来掩饰，不知要强多少倍。

6.委婉回答

交际中会有一些使人不便直说的事情，因此，对某些问题，可委婉回答，以求回答婉转而又不失礼貌。有一次，达尔文受邀赴宴。宴会上，他恰好和一位年轻美貌的女士并排坐在一起。美人用带着戏谑的口吻向他提出疑问：“达尔文先生，听说您断言人类是由猴子变来的？”达尔文答道：“是的。”美人又问：“那么，我也属于您的论断之列吗？”“那当然啦！”达尔文看了她一眼，彬彬有礼地答道：“不过，您不是由普通的猴子变来的，而是由长得非常迷人的猴子变来的。”达尔文的回答弄得那位女士满脸通红。

7.诱导回答

所谓诱导回答，就是要设法诱使对方根据自己的思想进行提问。如一则林肯的故事。林肯的一位朋友向他推荐某人为议员，林肯却没有任用其人。朋友问林肯为什么不用那个人，林肯说：“我不喜欢他那副长相。”“哦？可是，您的标准会不会太严格？他不能为自己天生的脸孔负责呀！”“不。一个人过了40岁就该对自己的脸孔负责。”林肯回答说。

8.含糊回答

回答提问要求简明、精确，但在实际应用中也有另一种情况，那就是不便于把话说得太明确，需要具有弹性的含糊回答。《世说新语》记载：一位客人带来两只笼子，一只笼子里装着一只獐，另一只笼子装着一只鹿。客人笑着问王元泽："哪一只是獐，哪一只是鹿？"王元泽年幼，这两种动物还是第一次见到，他略一思索，回答说："獐旁边那头是鹿，鹿旁边那头是獐。"客人听到如此巧妙的回答十分惊奇，不得不叹服他的聪明。

9.转换回答

这种方法就是故意转换自己不愿触及的话题，用另一个根本不同的内容来回答。使用这种方法必须自然，要使转换的话题与原来的话题尽量有某种联系，同时还要及时。转换要抓住时机，找准借口，在对方的话题还没有充分展开之前就以新的话题取而代之。

萧伯纳收到过一位小姑娘的来信，信中写道："您是我最钦佩的作家，为了表达我对您的敬仰，我打算用您的名字来命名我的小狮子狗。它是我过生日时亲戚们送给我的礼物，不知您是否同意？"萧伯纳在回信中写道："亲爱的孩子，读了你的信，颇觉风趣盎然，我赞同你的打算。但是，最主要的一点，你务必和小狮子狗商量一番。"

交际中，提问要巧，回答要妙。机智的回答是高层次语言艺术境界，能使你在社会交往中左右逢源。

◎ 不介意拿自己开涮

每个人都会遇到不开心的事情，这时如能恰当地运用自嘲，就可以把痛苦变为笑声，在笑声中化解矛盾、避免冲突升级，显示为人处世的大度胸怀和高尚风格，展示非凡的智慧和人格魅力。

能自嘲的人必须是智者中的智者、高手中的高手。自嘲是缺乏自信者不敢使用的技术，因为它要你自己骂自己，也就是要拿自身的失误、不足甚至生理缺陷来“开涮”，对丑处、羞处不予遮掩、躲避，反而把它放大、夸张、剖析，然后巧妙地引申发挥、自圆其说，博得一笑。没有豁达、乐观、超脱、调侃的心态和胸怀，是无法做到的。可想而知，自以为是、斤斤计较、尖酸刻薄的人难以说好自嘲的话。自嘲谁也不伤害，最为安全。你可用它来活跃谈话气氛，消除紧张；在尴尬中自找台阶，保住面子；在公共场合获得人情味；在特别情形下含沙射影，刺一刺无理取闹的小人。

自嘲是不可多得的灵丹妙药，别的招不灵时，不妨拿自己开涮，至少自己骂自己是安全的，除非你指桑骂槐，一般不会讨人嫌，智者的金科玉律便是：不介意开自己的玩笑。

在许多人的心目中，张学良将军是一位著名的爱国将领。在中华民族面临生死危难的关头，是他和杨虎城将军发动了“西安事变”，促成了全国抗日民族统一战线的确立。然而，这位“世纪老人”，除了具有强烈的爱国心、杰出的军事才能和卓越的领导才能之外，还有着极“帅”的口才。下面是台湾一位记者对张学良将军的采访，从中可以体会到将军口才的过人之处。

记者：有人说你是花花公子，你是怎样看的？

张：我从不是个花花公子，不过现在你们也许可以说我是花花老人。你们看，我现在花最多时间的地方就是床，有时候早上11点才起床，吃过午饭又去睡，一觉睡到了3点，你们说我浪漫不浪漫？

记者：“西安事变”后，你几乎不再与政治有关，你的命运和蒋介石分不开了，你是怎么看的？

张：对于蒋介石，在他过世的时候，我私下写了副挽联：“关切之殷，情同骨肉；政见之争，宛如仇敌”。对于他，胡汉民说过一句话：“以前在孙文面前乱说话说惯了，如今可说出问题来了。”你们懂意思吧，孙先生对玩笑一向是不以为意，蒋先生可不同，他是个军人。

记者：你是否考虑过回大陆看看这事？

张：（哈哈一笑）我现在是秋后蚂蚱，跳不了几天了。如果说还有什么事想做，大概就只有回家看看了，看看大陆的情形，看看亲戚朋友和家乡，可是左腿很疼，没法子去，得等好一点再说了。

在台湾生活时，张学良将军一直处于“保护的自由”中。由于张学良是一位历史人物、历史的见证，因而常常有记者对他进行采访。谈话的内容无所不有，既涉及张学良的私人生活，又涉及历史、现实和政治斗争许多十分敏感的问题。由于张学良将军的历史地位，以及目前的现实，张学良的一言一行、一举一动都会产生重大的影响。张将军也深知这点，因而对敏感问题，常常机智应对，自嘲调侃避开敏感话题，巧言对之，妙趣横生。这充分体现了他良好的风度和学识。

说话情商

适时适度地自嘲，不失为一种良好修养，一种充满魅力的交际技巧。自嘲，能制造宽松和谐的交谈气氛，能使自己活得轻松洒脱，使人感到你的可爱和人情味，有时还能更有效地维护面子，建立起新的心理平衡。

自嘲能产生以下七大积极效果：

1.摆脱窘境

在交谈中，当对方有意无意地触犯了你，把你置于尴尬境地时，借助自嘲摆脱窘境，是一种恰当的选择。

美国总统杜鲁门会见十分傲慢的麦克阿瑟将军。交谈中，麦克阿瑟拿出烟斗，装上烟丝，把烟斗叼在嘴里，取下火柴。当他准备划燃火柴后，停下来对杜鲁门说：“抽烟，你不会介意吧？”

显然，这不是真心征求意见，在他已经做好抽烟准备的情况下，如果对方说他介意，那就会显得粗鲁和霸道。这种缺少礼貌的傲慢言行使杜鲁门有些难堪。然而，他看了麦克阿瑟一眼，自嘲道：“抽吧。将军，别人喷到我脸上的烟雾，要比喷在任何一个美国人脸上的烟雾都多。”

由此可见，当令人难堪的事实已经发生，运用自嘲，能使你的自尊心通过自我排解的方式受到保护，并且，还能体现出你的大度胸怀。

2.解决难题

广东一家蔬菜公司的副科长到郊区调运鲜菜，卖方想趁机捞一把，索价很高，双方僵持不下。眼看城里市场蔬菜供应严重不足，快要脱销，心急如火的科长却摆出一副泰然自若的样子，充分使用公关艺术中的幽默法来自嘲：“其实，你们把我看高了。我不过是个小科长，还是副的，我手里能有多大的决定权？再说，夏天这么热，我花大价钱买一堆烂菜帮子回去，能担当得起亏损的责任吗？”卖主们听了他的这番话，望望酷暑的太阳，知道蔬菜多积压一天将腐烂不少，不禁大为泄气，动摇了索要高价的决心。并且，卖主对科长的“苦衷”与“难处”还产生某种同情心，开始妥协。最后终于降低了菜价，达成了协议，该科长则顺利完成了蔬菜调运任务。

3.宽慰自己

人们在有些时候因某些事不尽如人意而烦恼和苦闷，运用自嘲，既可宽慰自己，又能让人刮目相看，一举两得。马寅初的

《新人口论》问世不久，便遭到点名批判。有人愤愤不平地对马老说：“你的逆耳忠言，竟遭人泼冷水。”马老风趣地回答说：“我最不怕冷水的，近50年来，我洗惯了冷水澡，天天洗，一日洗两次，冬夏不分。因此，冷水对我来说非但无害，反而有益健康。”

4.融洽气氛

钢琴家波奇是一位幽默家。有一天他到美国密歇根州福林特城演奏，开场前发现上座率很低，不到五成。他虽然很失望，但并没有因此影响自己的情绪。为使场内观众不感到空寂，他便走向舞台的脚灯，笑着对观众说：“福林特这个城市的人们一定很有钱，因为我看到你们每个人都买了两三个座位的票。”立刻，空荡的剧场被笑声充满了，为他的演奏做了情绪铺垫。

5.消除尴尬

置身于难堪境地时，如果过分掩饰自己的失态，反而会弄巧成拙，使自己越发尴尬。而以漫不经心，自我解嘲的口吻说几句取悦于人的话，却可以活跃气氛、消除尴尬。

作家杰斯塔尔是个大胖子，他却不以胖为耻。他对朋友自嘲说：“我是个比别人亲切三倍的男人，每当我在车上让座给女人时，我的一个座位中可以坐下三个人。”轻松愉快的自嘲，正是杰斯塔尔信心十足的有力表现。

6.增添情趣

美国文学家欧文年轻时常向人们吹嘘自己是位好猎手，沾沾自喜地谈论自己高明的枪法。一天，他同朋友去打猎，朋友指着河里一只野鸭请他开枪。欧文瞄了一下扣动扳机，但没有打中，野鸭飞走了。朋友感到难为情，他却毫不介意，对朋友说："真怪！我还是第一次看到死鸭子能飞。"这是一句自嘲的话。正是这句话，欧文才给自己解脱了窘境。多么巧妙，多么有趣。

7.增加人情味

笑自己的长相，或笑自己做得不很漂亮的事情，会使我们变得较有人情味，并给人一种和蔼可亲的感觉。一次，陈毅到亲戚家过中秋节，进门发现一本好书，便专心读起来，边读边用毛笔批点。主人几次催他去吃饭，见他不去，就把糍粑和糖端来。他边读边吃，竟把糍粑伸到砚台里蘸上墨汁直往嘴里送。亲戚们见了，捧腹大笑。他却说："吃点墨水没关系，我正觉得自己肚子里墨水太少哩！"人们尊敬陈毅，或许和他的这种豁达禀性有关系吧！

◎ 被人羞辱，有力反击

遇到别人有意无意抢白、奚落、挖苦、讥讽你，你该怎么办？有随机应变能力的人，能调动自己的智慧，化被动为主动，使尴尬烟消云散。"兵来将挡，水来土掩"，你可视不同的对象选择不同的应付办法。

若判明来者不善，是怀有恶意，故意挑衅，你可以“以眼还眼，以牙还牙”，有理、有利、有节，有礼貌而巧妙地回敬对手。

我们有些时候会无缘无故遭到别人的羞辱。公然直接羞辱人的言语不论是卑鄙的、恶毒的、残酷的还是无聊的，都有一个共同点——说话的人很冲动。这时你不可以被他的一句羞辱感染而像他一样失去理智，应付这种情况的基本对策是保持冷静，也不要因别人的冒犯而张口结舌，这样你才能稳操胜券。

说话情商

以下是一些较为基本的应付羞辱的回话术：

1.“你有毛病吗？”

必是他认为你犯了什么不可饶恕的大错，因此用这样否定你思想、能力、态度的质问来羞辱你。

①当它是一句医生的问话时，你这样回答“有，消化不良”或者“有，肝炎”。

②引起你的心病了，你说：“有，就是罪恶感，因为以前有一个问我这样一句话的人让我揍了！”

③你没有心情开玩笑的话，可以严肃一点地说：“有是有，不过只要走开了就会好些。”然后你大跨步离开这儿。

2.“你父母怎样教养你的？”

谈话之中突然牵扯到父母，这是最令人冒火的事，但是你千万别为父母受了指责而生气，他的目标是惹你发火。

①别上钩，你说：“我是爷爷、奶奶带大的。”

②你默想一会儿，再说：“我记不得了，恐怕得麻烦你自己去请教他们。”

③做肯定的答复回敬他：“我只记得一点，那就是不可以问这样没有礼貌的问题。”

3.“你自以为是什么人？”

①不要动怒，索性把他的话说清楚：“依你看我要是某某人才够资格和你说话，是吗？”如果对方说“是”，这时，你可以反击一下问他：“那你自以为是什么人？”

②谦和一点，用开玩笑的方式说“天气不好时，我自以为就是拿破仑”或者“现在吗？我自以为是一个受害者”。

③停顿一下，指指旁边的人说：“我自以为是他，你再问问他自以为是谁？”

4.“你开玩笑！”

这话本来无伤大雅，但是说话人带有不屑的表情和讥嘲的口吻，就是有意要使你出丑了。

①表示你留意到他的态度：“我是在开玩笑，可是你忘记听了之后应该笑啊！”

②当作他的一项要求：“好！你要听什么笑话？”

③故意以为他在猜测：“对！我正在开玩笑！”

5.“难道没有人告诉过你……”

当然，省略号部分一定是你的某项缺点或错误言行。当着众人的面对你说此话并不是善意的。

①当作他自己曾有这种切身的经验："好像没有，你大概常常有这样经验吧！"

②承认你有过这种经验："有是有的，可这样讲话的人我从来不理他。"

③煞有介事地想起来："嗯，有的，不过那个人是个心理变态者。"

6."别人都喜欢。"

言下之意："你不喜欢，那就是你有毛病。"

①表示不信任他的调查结果："真的？没有一个是假装喜欢？"

②他的调查引起了你的兴趣："你说得对，可你没有问他为什么喜欢？"

人与人相处，可能产生的摩擦何止千种，更复杂琐碎的情况要自己去类推和发展，而且去实践。

在羞辱面前，尽量做到以下几点：

第一，不要花太多时间和精力去自寻烦恼。"为什么这个人对我如此无理？"这些人有的是生就一张"攻击"他人的嘴巴，其实并无恶意。所以你没有必要去设想这种人一定有别有用心的动机。这种人很可能没有意识到你的感情会受到伤害。当你坦率地指出他的失礼时，那些并无恶意而是缺乏社交经验的冒犯者就会向你表示歉意。

第二，要视具体对象和情形区别对待。假如是领导当着你同事的面训斥你，而且可能一向如此，这时，就应该冷静地对他说："我们私下谈谈这个问题，好吗？"

第三，如果羞辱来自配偶或是好友，你千万不要报以刻薄的挖苦或讽刺，而应向直接对方讲明，你觉得感情受到了伤害，明确地告诉对方今后不要这样做了，否则，你就难以再信赖他（她）了。

如果有人故意出你的丑，让你难堪，你可以以牙还牙，采取更严厉的措施。有时你必须打破僵局，使这种窘迫场面马上结束，可以这样说："你显然是想存心让我下不了台，能告诉我你这样做的目的吗？"或者说："你似乎有些心烦意乱，我是否有什么地方惹你不高兴了？你能告诉我吗？"

另外，无论你怎么做，都必须注意避免发火动怒。如果你不是沉着应对，而是失去理智，那就会给挑衅者提供机会，让其占据优势，结果使自己处于更为不利的地位。

◎ 平静面对语言伤害

受到别人的伤害，我们都有可能怒发冲冠，不如暂且使自己先静下来，然后才去想办法应对。要知道，大多数人不是有意要伤害我们。

“你真的没救了！”

“啊！多么漂亮的衣服，只可惜你穿上太不合身。”

“还在浪费时间练小提琴？死了这条心吧，你永远也弹不到你母亲那么好。”

诸如此类伤人的话我们几乎天天听到，有意和无意说这类话的人可能会因此而使得你一蹶不振。

这些伤害别人的人往往还冠冕堂皇，他们总是说：“亲爱的，要是我不爱你的话，我怎么会这么说呢？这完全是为了你好。”或者说“要是你不介意我直率的话……”

我们无法避免受到伤害，伤害是我们生活的一部分。既然如此，何必忧之恨之？除此之外，要想别人不伤害你，还要时刻想到不要伤害别人。只有这样，才能做最好的自己。

说话情商

在很多情况下，你可能会因为自己受到无缘无故的伤害而发展成一种保护自己和以牙还牙的心理。然而，你这样做只会使你陷入“反击——被反击”的无端纠缠与烦恼之中。我们其实有更好的办法来对付它。当你下次面临如此境地时，不如照以下几个方法去做：

1.冷静分析

几乎所有用语言伤害别人的人都是事出有因。他们的内心郁闷难解，他们一有机会就要发泄自己心中的怨气与愤怒，他们如此并非真正是单独针对你。

不耐烦的女招待不是有意找你的碴，可能她和男友昨晚闹了别扭；司机恶声恶气在中途就叫你下车，这也并不是你在什么地方冒犯了他，可能他还要赶往医院看望病危的爱子。设身处地一想，心里也就好受得多，记住，退一步海阔天空！

2.发出信号

有一个男子总喜欢在很多人面前挑妻子的刺，妻子因而十分恼火。她决定不能让丈夫再如此下去。于是，以后她跟丈夫一起出去时就随身带一块小毛巾，每当她看到丈夫将要恶语相加时，就把毛巾戴到他头上，在惊讶和羞辱之中，做丈夫的从此再也不敢当众出妻子的丑。对那些一而再、再而三喜欢挑剔的人用发信号的方法对他们进行事先警告是防止被伤害的有效办法。

3.反唇相讥

海顿·爱尔京在《保护的艺术》一书中说，回击的切实可行的方法是抓住对方污蔑性的话，找出漏洞，从反面回答问题。比如爱人说："如果你爱我的话，那你就必须减肥。"你可以反问："你有多久认为我不爱你了？"这样借对方的话，机智地加以运用，使说话者自觉无理。

4.置若罔闻

随他说去，将逆耳之语当耳边风，乐得一身轻松。如果你妻子说："亲爱的，你又增加20斤了吧！"可以回答："实际上是25斤。"如果她还说："那是否想点办法呢？"可以回答："先胖一阵再说。"我们要学会原谅，原谅别人是人类得以生存的本领。

5.百分之十

再等百分之十的时间，你有可能在另一家商店买到更便宜的东西；百分之十的时间，你的朋友会因说出的话而向你道歉；百分之十的时间，使你有更清醒的头脑，从而不至于在盛怒下失去控制。

◎ 遇到责难善于随机应变

在遭到突如其来的诘难时，以非常机敏的方式回答对方并予以有力的反击，这是一个人应变能力的表现。随机应变体现的是人们对矛盾的感受能力以及由此产生的变通能力。这就要求我们必须善于发现问题，判定相应的对策，而且还要随着事情变化不断调整应变策略。

我们总难免碰到一些无理取闹的事情。你对某人的不良或错误行为进行直接责备，他却反过来与你顶撞，这时就要有良好的语言应变能力。如在一外国球场里，一个大学生的视线完全被前面年轻妇女的帽子挡住了，于是他对她说："请您摘下帽子。"可妇女连头也不回。

"请您摘下帽子。"大学生气冲冲地重复一遍，"为了这个位子，我破费了15欧元，却什么也看不见！""为了这顶帽子，我破费了115欧元。我要让所有的人都看它。"年轻的妇女说完，一动也不动地坐着。她违反公共道德，反而振振有词地反驳大学生的正常干预，让人哭笑不得。

碰到这种无理行为，你怎么办？许多人常常大发一通怒火，大骂一顿无赖，可到头来，对方还是振振有词，头头是道，"理由"充足得很。你自己倒气得手脚发颤，只会说"岂有此理，岂有此理"。

说话情商

应该怎样说话，才能反击无理的行为，使对方觉得理屈词穷、无言以对呢？以下3点值得参考：

1.情绪平和

遇到无理的行为，首先要做到的就是不要激动，要控制情绪。这个时候的心境平和，对反击对方有重要作用：一是表现自己的涵养与气量，以"骤然临之而不惊，无故加之而不怒"的大丈夫气概在气质上镇住对方，如一下子就动怒变脸作色，这不是勇敢的行为。古人曰："匹夫见辱，拔剑而起，挺身而斗，此不足为勇也。"对方对此不但不会惧怕，反而会对你的失态感到得意。二是能够冷静地考虑对策，只有平静情绪，才能从容选出最佳对策，否则人都弄糊涂了，就可能做出莽撞之举来，更不要说什么最佳对策了。

例如，萧伯纳的名剧《武器与人》首演时，获得极大成功。他应观众的要求来到台前谢幕。这时，有一个人在首座高喊"糟透了"。对于这种无理的语言，萧伯纳没有怒气冲冲，他微笑地对那人鞠了一躬，彬彬有礼地说道："我的朋友，我同意你的意见。"他耸了耸肩，又指着正在热烈喝彩的观众说道："但是，我们俩反对这么多观众又有什么用呢？"观众中顿时爆发出更为热烈的掌声。萧伯纳在反击对方的过程中无论是那温文尔雅的举动，还是那调侃戏弄的言辞，都显示出一种情绪的平和，单就这种情绪的力量，就足以压倒对方。

2.反击有力

对无理行为进行语言反击，不能说了半天不得要领，或词软话绵，而要做到打击点要准，一下子击中要害；反击力量要猛，一下子就使对方哑口无言。

有一个常愚弄他人而自得的人，名叫汤姆。这天早晨，他正在门口吃着面包，忽然看见杰克逊大爷骑着毛驴哼哼呀呀地走了过来。于是，他就喊道："喂，吃块儿面包吧！"大爷连忙从驴背上跳下来，说："谢谢您的好意，我已经吃过早饭了。"汤姆一本正经地说："我没问你呀，我问的是毛驴。"说完得意地一笑。

大爷以礼相待，却反遭一顿侮辱。是可忍，孰不可忍！他非常气愤，可是又难以责骂这个无赖。无赖会说："我和毛驴说话，谁叫你插嘴来着？"于是大爷抓住汤姆语言的破绽，进行狠狠的反击。他猛然地转过身子，照准毛驴脸上啪啪就是两巴掌，骂道："出门时我问你城里有没有朋友，你斩钉截铁地说没有。没有朋友为什么人家会请你吃面包呢？"啪啪，杰克逊大爷对准驴屁股，又是两鞭子，说："看你以后还敢不敢胡说。"说完，翻身上驴，扬长而去。

大爷的反击力相当强。既然你以你和驴说话的假设来侮辱我，我就姑且承认你的假设，借教训毛驴，来嘲弄你自己建立的和毛驴的"朋友"关系，给你一顿教训。

3.含蓄讽刺

对无理行为进行反击，可直言相告，但有时不宜锋芒毕露，露则太刚，刚则易折。有时，旁敲侧击，绵里藏针，反而更见力量，可使对方无辫子可抓，只得自己种的苦果往自己肚里吞，在心中暗暗叫苦，就像苏格兰诗人彭斯所做的那样。

有一天，彭斯在泰晤士河畔见到一个富翁被人从河里救起。富翁给了那个冒着生命危险救他的人一块钱作为报酬。围观的路人都为这种无耻行径所激怒，要把富翁再投到河里去。彭斯上前阻止道："放了他吧，他自己很了解他的一条命值多少钱。"